Die Deutung der Planeten und Tierkreiszeichen

Sabrina Ulbrich

Kersken-Canbaz-Verlag
Breite Str. 65
29468 Bergen/ Dumme

ISBN 3-89423-098-3

Inhaltsverzeichnis

1. KAPITEL

Einführung

In der Einführung lernst Du, von welchem Weltbild die Astrologie ausgeht. Du wirst überrascht sein, daß sich in der Astrologie zum Beispiel die Erde nicht um die Sonne dreht...

1.1. Die Vorstellungen der Alten

»wie oben so unten«

Für die »Alten« - die Babylonier und später die Griechen - hatte die Erde ihr Abbild im Himmel. Jeder Ort und alles, was auf der Erde passierte, spiegelte sich wider im Lauf der Sterne. Auf dieser Sichtweise beruht auch die Astrologie, die Ereignisse vorhersagt, so wie der Lauf der Planeten vorhergesagt werden kann.

"Die Erscheinungen auf der Erde laufen mit den Erscheinungen am Himmel parallel."

Bedeutungsträger

Jedes Ereignis hat einen bestimmten Sinngehalt, sowohl die auf der Erde wie die im Himmel. D.h. alles was materiell unterschieden werden kann, kann geistig unterschieden werden, eine Bedeutung bekommen. So werden auch Planeten und Zeitabschnitte zu Bedeutungsträgern, die ihren Inhalt in Form von Bildern ausdrücken, so wie die Sternzeichen bzw. Sternbilder.

Planetengötter

Ältere Völker haben die Eigenschaften der Planeten personifiziert und in Form von Göttern verehrt. So wurden unsere heutigen Planetennamen von meist römischen Göttern abgeleitet. Merkur bezeichnet den Götterboten, den Gott des Handels, Venus heißt die Liebesgöttin, Mars steht für den Kriegsgott und Jupiter ist der höchste römische Gott, während Saturnus für die Aussaat zuständig ist.

geozentrisch/heliozentrisch

Damals ging man von einem geozentrischen Weltbild aus, welches besagt, daß die Erde im Mittelpunkt steht, während Sonne, Mond und Planeten um sie kreisen. Die Astrologie geht von diesem Standpunkt aus. Inzwischen wurde bewiesen, daß die Sonne im Mittelpunkt steht (heliozentrisches

Weltbild). Da wir aber auf der Erde leben, ist der Beobachterstandpunkt von der Erde aus gesehen ausschlaggebend.

In einem unendlichen Universum ist jeder Ort der Mittelpunkt.

1.2. Die Gesetzmäßigkeiten des Himmels

Scheinbarer Sonnenlauf

Wenn man die Erde als feststehend annimmt - und so nehmen wir sie wahr (oder ist sich jemand der Geschwindigkeit von 29,9 km pro Sekunde bewußt mit der die Erde durch den Weltraum jagt?) - dann sehen wir die Sonne am Himmel wandern. Diese scheinbare Sonnenbahn wird Ekliptik genannt. Diese Sonnenbahn wird gemäß eines Kreises in 360 Grad eingeteilt.

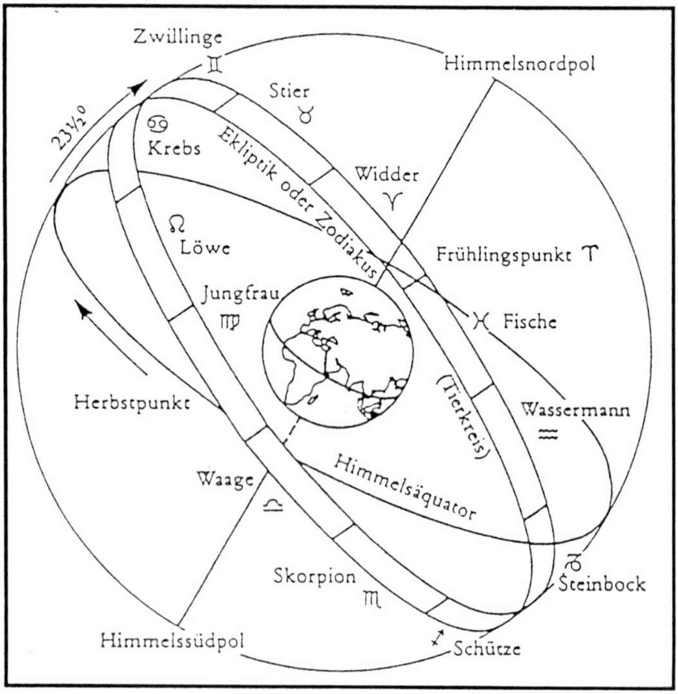

Definition

Ekliptik = Die Ebene der Erdbahn um die Sonne, die sich am Himmel als scheinbare jährliche Bahn der Sonne unter den Sternen abzeichnet.

Unterteilung der Ekliptik

Bei dem Ablauf der Zeit entdeckte man schon sehr früh Gesetzmäßigkeiten am Himmel, auf denen die jetzige Zeitrechnung aufbaut. Man beobachtete, daß sich Sonne und Mond alle dreißig Tage treffen. So wird die Unterteilung der Sonnenbahn in Einheiten von je 30 Grad verständlich. Damit haben wir 12 Einheiten zu je 30 Grad, denen die 12 Tierkreiszeichen zugeordnet werden. Dieser Tierkreis wird auch »Zodiak« genannt.

Grad	**Sternzeichen**	**Symbol**	**Zeitraum**
0 - 29	Widder	♈	21.3.-20.4.
30 - 59	Stier	♉	21.4.-21.5.
60 - 89	Zwilling	♊	22.5.-21.6.
90 - 119	Krebs	♋	22.6.-22.7.
120 - 149	Löwe	♌	23.7.-22.8.
150 - 179	Jungfrau	♍	23.8.-22.9.
180 - 209	Waage	♎	23.9.-23.10.
210 - 239	Skorpion	♏	24.10.-22.11.
240 - 269	Schütze	♐	23.11.-21.12.
270 - 299	Steinbock	♑	22.12.-20.1.
300 - 329	Wassermann	♒	21.1.-18.2.
330 - 359	Fische	♓	19.2.-20.3.

Frühlingspunkt

Der Beginn der Zählung wurde festgelegt und als »Frühlingspunkt« bezeichnet. Dieser Punkt ist der 21.März jeden Jahres. An diesem Tag beginnt die Sonne ihren Lauf durch den Tierkreis bei 0 Grad im Widder. Sie legt an einem Tag ungefähr 1 Grad zurück, so daß sie in einem Jahr den Zodiak durchlaufen hat.

Planet	**Symbol**	**Bedeutung**
Sonne	☉	Vitalität, Körper, Mann
Mond	☾	Wechsel, Seele, Frau
Merkur	☿	Vernunft, Intellekt, Jugend
Venus	♀	Anziehungskraft, Kunst, Harmonie
Mars	♂	Dynamische Energie, Arbeit, Wille
Jupiter	♃	Erfolg, Ordnung, Glück
Saturn	♄	Zusammenziehung, Festigung, Alter
Uranus	♅	Plötzliche Handlung
Neptun	♆	Okkultismus
Pluto	♇	Unbewußtes, höhere Gewalt

Kosmische Zeugung

Bildlich gesprochen wurde beim Treffen von Sonne und Mond, von männlichem und weiblichem Prinzip, ein neuer Zeitabschnitt gezeugt. Ptolemäus war es, der die Bahn der einzelnen Planeten auf die Ekliptik projizierte. So stellte er sich vor, daß die Planeten in jenem Zeitabschnitt geboren werden, d.h. zur Wirkung gebracht werden, den sie gerade durchlaufen.

Auswirkung der Planeten

Für die Horoskopdeutung heißt das: Die Stellung der Planeten in den Tierkreiszeichen wird für den Augenblick der Geburt festgehalten. Und die Planeten wirken sich in dem Bereich des Tierkreiszeichens, in dem sie stehen aus. Diese Wirkung spiegelt sich dann in der Persönlichkeit des Menschen wider.

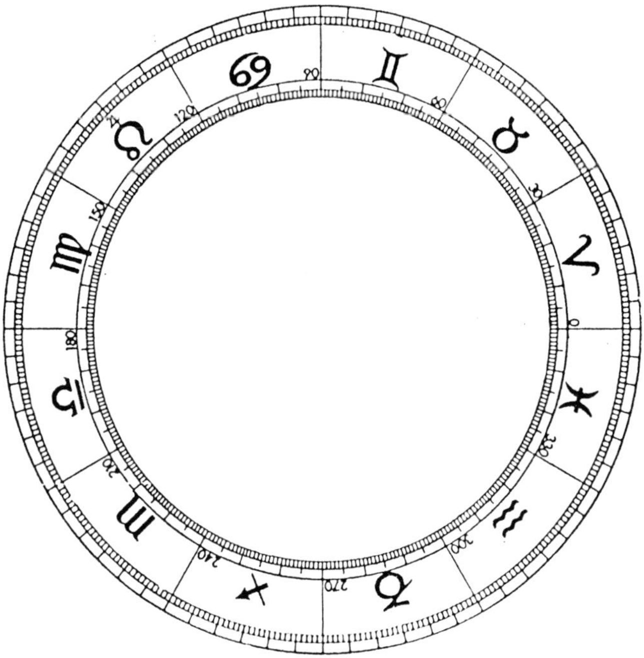

2. KAPITEL

Symbolik der Planeten und Tierkreiszeichen

Im folgenden Kapitel werden die Bedeutungen der Planeten und Tierkreiszeichen einzeln beschrieben.

2.1. Bedeutung der Planeten

Komplexe Deutung

Die Deutung eines Horoskopes ist eine sehr komplexe Aufgabe, bei der es darauf ankommt den Gesamtüberblick zu behalten und sich nicht auf Einzelheiten zu fixieren. Denn bestimmte Bedeutungen können sich gegenseitig aufheben, oder werden überlagert von gewichtigeren Planetenständen. Planeten haben verschiedene Wertigkeiten und können sich je nach Aspektierung positiv oder negativ auswirken. (Auf die Aspekte wird im Schritt-für-Schritt-Buch »Deutung der Aspekte« eingegangen.)

Wichtig ist der Gesamtüberblick beim Horoskop.

Fließende Übergänge

Zu beachten ist, daß die Übergänge von einem Sternzeichen zum nächsten fließend sind, d.h. jemand der in 29 Grad Krebs (Sonnenstand bei der Geburt) geboren wurde verfügt schon über einen gewissen Anteil an »Löwen-Eigenschaften«. So ist das bei allen Planeten.

Wertigkeit

Weiterhin muß bedacht werden, daß die Planeten unterschiedlich in ihrer Wichtigkeit gewertet werden. Die Wirkung der langsam laufenden Planeten - vor allem Uranus, Neptun, Pluto - bezieht sich immer auf mehrere Jahrgänge. D.h. ihre Wirkungen sind nur von Relevanz, wenn sie durch weitere Konstellationen im Horoskop bestätigt werden.

Aufpassen! Die langsamen Planeten nicht überbewerten.

Schema

Um die Bewertung der Planeten in ihrer Wertigkeit möglichst einfach zu machen gibt es hierfür ein Schema.

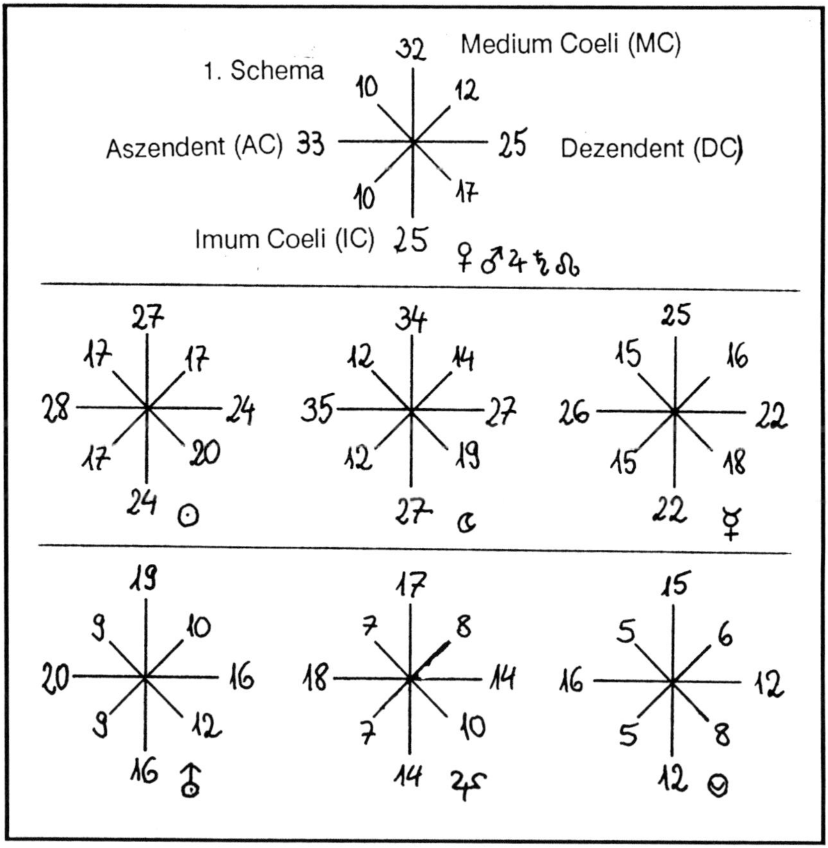

Übertrage zuerst das 1. Schema auf das Horoskop (360-Kreis): Die Position des AC bekommt den Wert »33« zugewiesen, die des DC »25«, MC »32« etc.

Wo liegt deine Venus? Würde sie genau am oder 3 neben dem AC liegen, hätte sie eine Stärke von »33«. Läge sie zwischen den Werten »32« & »12«, hätte sie eine Stärke von »22«.

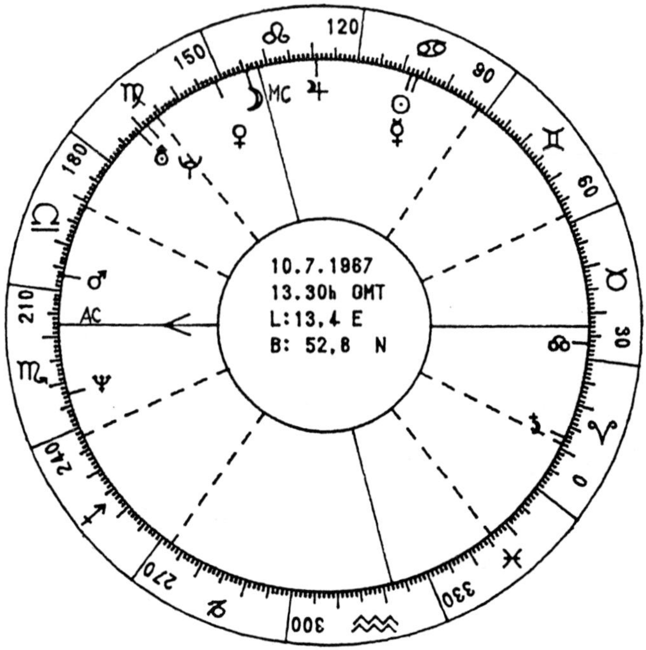

Beispiel

Reihenfolge der Planeten, nach Stärke geordnet. Die Zahl in Klammern hinter jedem Planeten gibt die Stärke an: Mond (32), Mars (28), Jupiter (28), Venus (27), Mondknoten (23), Sonne (20), Saturn (19), Merkur (18), Neptun (14), Uranus (12), Pluto (8).

Umlaufgeschwindigkeit

Und so lange brauchen die Planeten um ein Sternzeichen, bzw. den ganzen Zodiak zu durchlaufen:

Planet	**Durchlauf/ Stern- zeichen**	**Durchlauf/ Zodiak**	**Höchst- geschwin- digkeit**
Sonne	30,43 Tage	365,25 Tage	11' pro Tag
Mond	2,28 Tage	27,33 Tage	15' pro Tag
Merkur	30,43 Tage	365,25 Tage	2' pro Tag
Venus	33,75 Tage	405 Tage	1,5' pro Tag
Mars	57,24 Tage	686,9 Tage	0,48' pro Tag
Jupiter	1 Jahr	12 Jahre	0,14' pro Tag
Saturn	2,5 Jahre	29,5 Jahre	0,7' pro Tag
Uranus	7 Jahre	84 Jahre	0,4' pro Tag
Neptun	13,5 Jahre	162 Jahre	0,2' pro Tag
Pluto	20 Jahre	240 Jahre	0,1' pro Tag

2.1.1. Sonne

Vitalität

Das männliche Prinzip; Verstand, Geist, das lebendige Sein; Lebenskraft, -wille, Vitalität, Willens- und Entschlußkraft, Zielstrebigkeit, Organisation; Gesundheit. Mann, Vater, Autorität. Herz, Kreislauf; Körper, Zelle.

2.1.2. Mond

Gefühlswelt

Das weibliche Prinzip; Seele und Psyche; Anpassung, Wandelbarkeit, Formensinn, Sorgsamkeit, Gedächtnis; Familie und Nation; Erbanlagen. Frau, Ehefrau, Mutter. Fruchtbarkeit, Flüssigkeitshaushalt des Körpers.

2.1.3. Merkur

Verstand

Intellekt, Übermittlung von Wissen, Vermittlung, Auffassungsgabe, Diplomatie; kritische, analytische Fähigkeiten, Urteilskraft. Geistesarbeiter, Vermittler, Händler. Motorische Nerven (Sprach-, Hörorgane).

2.1.4. Venus

Liebe & Kunst

Leben und Kunst, Lebensbejahung; Gefühl, Harmonie, Schönheit; physische Anziehungskraft, Erotik, Liebe. Mädchen oder Jungfrau, Geliebte oder Hure; Kunstliebhaber. Drüsen- und Hormonsystem (Nieren, Mandeln).

2.1.5. Mars

Energie

Willensstärke, Tatkraft, Arbeits- und Kampfesfreude, Aktion und Energie; Mut und Entschlossenheit, Impulsivität, Rücksichtslosigkeit, Brutalität. Soldaten, Sportler, Techniker, Handwerker, Chirurgen. Körperwärme, Muskeln, Sexualfunktionen.

2.1.6. Jupiter

Harmonie

Harmonie, Gesetz, Religion; Gerechtigkeit, Aufbaustreben, Optimismus; Expansion und Vergrößerung, Besitz; moralische sowie religiöse Bestrebungen. Richter, Beamte, reiche Personen, Kirchenfürsten, Glücksjäger. Organe, das Blut, Ernährungsfunktionen, Leber, Galle.

2.1.7. Saturn

Konzentration

Konzentration und Hemmung; Festigung und Ausdauer, Ernsthaftigkeit, Sparsamkeit, Vorsicht, Vertiefung, aus Erfahrung lernen; Melancholie, Schweigsamkeit, Trennung, Eigenbrödelei. Schwer arbeitende, innerlich gehemmte oder traurige Personen. Landwirtschaft, Grundbesitz. Knochengerüst, das Alter, Verkalkung.

2.1.8. Uranus

Umwälzung

Spontaneität, Wandlung, Revolution; Freiheitsliebe, eigene Wege gehen, Begeisterung für alles Neue, Unabhängigkeit, Impulsivität, Reizbarkeit, seelische Spannungen. Erfinder, Reformer, Techniker; das Paranormale - Okkultisten, Astrologen. Rhythmik, Puls, Atmung.

2.1.9. Neptun

Empfänglichkeit

Phantasie und Einbildung; Beeinfußbarkeit, Neigung zum Mystizismus; träumerisches Wesen, Einfühlung, Empfindlichkeit Verwirrung und Enttäuschung. Medien, Vertrauensmenschen oder Betrüger. Zirbeldrüse, Sonnengeflecht, Aura.

2.1.10. Pluto

Höhere Gewalt

Höhere Fügung, unsichtbare Macht. Machtwille, Offenbarung unbewußter Kräfte, rücksichtslose Offenheit, Streben nach Beeinflussung der Masse, propagandistische Bestrebungen, Einfühlung in die Masse. Fanatismus. Menschen, die einen "magischen" Einfluß auf die Masse ausüben, wie

Propagandisten, Schauspieler, Redner, Politiker. Kollektivbewußtsein. Regeneration. Chronische Krankheiten.

Planet	Deutung
Sonne	Mann, Vitalität, Körper
Mond	Frau, Gemüt, Öffentlichkeit
Merkur	Vernunft, Intellekt, Jugend
Venus	Kunst, Harmonie, Anziehung
Mars	Energie, Arbeit, Wille
Jupiter	Erfolg, Ordnung, Glück
Saturn	Hemmung, Festigung, Trennung

2.2. Bedeutung der Hilfspunkte

2.2.1. Der Aszendent

Umwelt. Die psychologische Färbung des Aszendenten hängt von seinem Tierkreiszeichen ab. Das Ich im Verhältnis zu anderen Menschen, insbesondere den Personen der Umwelt. Geburtsaugenblick. Reaktion auf die Außenwelt.

Erscheinungsbild

2.2.2. Der Dezendent

Er liegt dem Aszendenten genau gegenüber, hat aber in der Astrologie keine besondere Bedeutung.

Lage

2.2.3. Das Medium Coeli

Individualität des Menschen, Lebensziel. Großhirnfunktion. Das Individuum, Beruf.

Ichbewußtsein.

2.2.4. Das Imum Coeli

Das IC, wie es kurz genannt wird, liegt dem MC genau gegenüber, hat in der Astrologie aber keine besondere Bedeutung.

IC

2.2.5. Der Mondknoten

Anknüpfung, Anpassung, Streben nach Verbindungen, Geselligkeit, Kameradschaftlichkeit, verbindliches Wesen. Kraftleib, unterbewußtes Gedächtnis, Erbfaktoren, vegetatives System. Versammlungen, Verbindungen, Gesell-

Verbindung

schaften, Verbindungsmänner; Blutverbindungen, Verwandtschaft, Gemeinschaftsunterkünfte.

Besondere Zeichen	**Bedeutung**
Aszendent	**Ich/Umwelt**
Dezendent	**bedeutungslos**
Medium Coeli	**Lebensziel, Ich später**
Imum Coeli	**bedeutungslos**
Mondknoten	**Unbewußtes, Verbindungen**
Der AC und der MC sind die Zeichen, die Dich und Deine Weiterentwicklung betreffen!	

2.3. Bedeutung der Tierkreiszeichen

2.3.1. Widder

Keimzeit, Energieentfaltung.

Wille, Tatendrang, Unternehmungsgeist, Selbstbewußtsein, Führenwollen, Leidenschaft, Ehrgeiz, Ungeduld, Voreiligkeit.

Wille

2.3.2. Stier

Kräftigung, Formgebung, Sicherung.

Festigkeit

Beharrlichkeit, Festigung, Ausdauer, überlegene Energieentfaltung, Gestaltungskraft, Formensinn.

2.3.3. Zwilling

Vielfältigkeit, Vielgestaltigkeit, Belebung, Blütezeit.

Vielseitigkeit, Anpassung, Beweglichkeit, verbindliches Wesen, Oberflächlichkeit.

Lebhaftigkeit

2.3.4. Krebs

Befruchtung.

Gefühlsreichtum Gattenliebe, Vater- und Muttergefühl, Empfänglichkeit, Beeinflußbarkeit, Anhänglichkeit.

2.3.5. Löwe

Reife der Frucht, Sommerhitze, Ernte.

Selbstvertrauen Gestaltungswille, selbstsicheres Vorgehen, Besitzstreben, Triebhaftigkeit.

2.3.6. Jungfrau

Sammlung der Frucht.

Sorgfalt Haushälterisches Wesen, Ordnungsliebe, Korrektheit, Kritiksinn.

2.3.7. Waage

Ausgleich im Haushalt der Natur, Erntedankfest.

Ausgleich Gerechtigkeitssinn, Streben nach Harmonie, Gemeinschaftssinn, Geselligkeit, Verbindlichkeit.

2.3.8. Skorpion

Sterben in der Natur, Fortleben im Keim, Aussterben des Nichtlebensfähigen.

Rückhaltloser Kampf um Erhaltung, Zähigkeit, Selbstüberschätzung, übertriebene Leidenschaft. *Ausdauer*

2.3.9. *Schütze*

Winterschlaf der Natur, Adventszeit.

Denken und Träumen, hoffnungsvolles Planen und Streben, Drang nach Bewegung, Handlung, Erweiterung. *Verinnerlichung*

2.3.10. *Steinbock*

Erstarrung, unsichtbares Leben.

Konzentration auf sich selbst, Lebensernst, unermüdlicher Kampf um Erhaltung, Fleiß, Ausdauer, Geduld, nüchterne Überlegung, Wirklichkeitssinn. *Zielbewußtsein*

2.3.11. *Wassermann*

Wartezeit, Fastenzeit.

Abwartendes Verhalten, gute Beobachtung, Anpassung, plötzliches Handeln im rechten Augenblick, Geselligkeit, Hilfsbereitschaft. *Planreichtum*

2.3.12. *Fische*

Quelle des Samens in der Erde bei starkem Niederschlag.

Sammlung Zurückhaltung, innere Sammlung, Empfänglichkeit für alle Einflüsse, geduldig, bequem, philosophisch.

Lat. Name	**Element**	**Planet**	**Schlüsselwort**
Aries	Feuer	Mars	Initiative
Taurus	Erde	Venus	Das Erdige
Gemini	Luft	Merkur	Verstandeskraft
Cancer	Wasser	Mond	Festhalten, Zähigkeit
Leo	Feuer	Sonne	Lebenskraft
Virgo	Erde	Merkur	Dienst
Libra	Luft	Venus	Gleichgewicht
Scorpio	Wasser	Pluto, (Mars)	Heilung, Geschlecht
Saggitarius	Feuer	Jupiter	Streben
Capricornus	Erde	Saturn	Ehrgeiz
Aquarius	Luft	Uranus, (Saturn)	Wiss. Methoden
Pisces	Wasser	Neptun, (Jupiter)	Mystik

3. KAPITEL

Deutung der Planeten im Tierkreis

In diesem Kapitel wird die Bedeutung der Planeten, wie sie sich in den einzelnen Tierkreiszeichen auswirken, übersichtlich beschrieben.

3.1. Widder

3.1.1. Aszendent im Widder

Körperbau

Athletischer Körper mit betonten Knochen und Muskeln; scharfes Gesichtsprofil, energisch-lebhafter - gelegentlich harter - Blick; niedrige, nicht sehr steile Stirn.

Charakter

Leicht aufbrausend und impulsiv; Munterkeit, rege Wachheit, oft etwas lautes Verhalten; Herrschliebe, Ehrgeiz, große Ziele und Pläne; begeisterungsfähig, schnelles Handeln, Überstürzung. Technische Begabung.

Krankheiten

Kopfschmerzen, Migräne, Schlaflosigkeit, Augen-, Gehör- und Zahnleiden. In sehr ungünstigen Fällen Erkrankungen des Zentralnervensystems und des Gehirns.

3.1.2. MC im Widder

Charakter

Mit starkem Zielbewußtsein wird die eigene Individualität durchgesetzt. Bei positiven Aspekten besteht Ehrgeiz, Optimismus und Zuversicht, was sich negativ als Fanatismus und Voreiligkeit zeigen kann.

3.1.3. Sonne im Widder

Charakter

Extrovertiertes Verhalten; starker Wille zur Selbstbehauptung. Durchsetzungsvermögen, Organisationstalent, Führungseigenschaften.

3.1.4. Mond im Widder

Charakter

Lebhaftes, regsames Wesen, impulsiv-gefühlsaktiv, ehrgeizig und tatbereit; aber auch unruhig, psychisch rastlos oder unüberlegt-triebhaft, übereifrig. Veränderungsliebe, Streben nach Idealen und nach Unabhängigkeit. Ein Mangel an Anpassungsfähigkeit kann in Partnerschaften zu Kontaktschwierigkeiten führen. Eigenwillig und etwas autoritär bis streitbar; ungeduldig bei der Durchführung von Plänen. Vielseitige Interessen.

Krankheiten

Kopfschmerzen, Augenleiden, schlechter Schlaf.

3.1.5. Merkur im Widder

Charakter

Im Denken theoretisch und kühn, kreativ und konstruktiv; scharfer Beobachter. Schnelle Auffassungsgabe und Lerneifer. Neigung zu Mathematik, Physik oder Technik; Wissenschaft und Politik. Schlagfertig und witzig mit einem leichten Hang zur Ironie. Gewandtheit in Rede und Gegenrede, diskussionsliebend. Durch geistige Impulsivität oder Ruhelosigkeit zu spontanen Entscheidungen fähig, kann aber auch in Streitsucht und Voreiligkeit ausarten.

Krankheiten

Nervosität und Krankheiten nervöser Art, Kopfschmerzen, Schwindelanfälle.

3.1.6. Venus im Widder

Charakter

Impulsiv-leidenschaftliche Gefühle, starke Wunschkraft, Kreativität. Menschen mit dieser Konstellation sind beim anderen Geschlecht oft sehr beliebt, sie reagieren bei Kontakten spontan: "Liebe auf den ersten Blick", aber oft kurzlebig. Neigung zu Liebesabenteuern und Extravaganzen. In ungünstigen Fällen kommen keine stabilen Beziehungen zustande, Extreme im Gefühlsleben.

Krankheiten

Starke Schleimabsonderungen, Erkältungen, Stirnhöhlenkatarrh.

3.1.7. Mars im Widder

Charakter

Kampfgeist. Spontane Energie von großer Durchsetzungs- und Stoßkraft, Initiative. Diese Menschen sind hart gegen sich selbst und Andere; unerschrocken, immer auf der Suche nach Abenteuern. Die Impulsivität führt einerseits zu großer Offenheit, andererseits zu Ungeduld, Reizbarkeit und Streitlust, manchmal zu Jähzorn und Gewalt.

Krankheiten

Blutandrang zum Gehirn, Fieberkrankheiten, Augen-, Gehirnentzündungen, Neigung zu Kopf- und Schnittverletzungen, Schlaflosigkeit.

3.1.8. Jupiter im Widder

Charakter

Tatkräftige Energie, Ehrgeiz; Aufstiegsstreben und würdevolles Auftreten verhilft zu Führung und Leitung. Begeisterungsfähig und großzügig, ehrlich; Gerechtigkeitsgefühl. Der Gefallen am Luxus kann bei negativen Aspekten zur Verschwendungssucht werden; auch launenhaft und unausgeglichen.

Krankheiten

Arterienverkalkung, Gefäßverengung, Schwellungen und Geschwüre am Kopf, großes Schlafbedürfnis.

3.1.9. Saturn im Widder

Charakter

Widder aktiviert die etwas langsame, zähe Anlage des Saturn und löst einen größeren Ehrgeiz und härtere Durchsetzungskraft aus. Der Saturn macht die impulsive Kraft von Widder ausdauernder. Leistungsstark und strebsam bis hartnäckig und trotzig. Im Bereich der Gefühle eher gehemmt und zurückhaltend, aber auch taktvoll. Ernsthaftigkeit. Bei Konflikten selten zu Kompromissen bereit.

Krankheiten

Blutleere im Gehirn, Ohnmacht, Taubheit, Erkältung.

3.1.10. Uranus im Widder

Charakter

Spontaneität verbindet sich mit einem eifrigen Willen. Dies begünstigt die latent vorhandene Erfindungsgabe. Durch das sture Verfolgen eigener Pläne (Fanatismus) zeigt sich eine Unfalltendenz und stellt gleichzeitig das Motiv für plötzliche Veränderungen (Reformen) am deutlichsten dar. Starker Selbständigkeits- und Unabhängigkeitsdrang, der sich bis zu Eigenbrötelei entwickeln kann. Manchmal unausgeglichen und sprunghaft, verpuffte Energien durch Leben in Utopien und Schwärmereien.

Krankheiten

Krampfartige Kopfschmerzen, Lähmung von Gesichtsnerven, Hirnhautentzündigung.

3.1.11. Neptun im Widder

Charakter

Die Empfänglichkeit von Neptun kann sich einerseits in Feinsinnigkeit und Empfindungsreichtum ausdrücken, was sich im sozialen Bereich als Menschenliebe, manchmal sogar Selbstlosigkeit zeigt. Ist der Neptun schlecht aspektiert, gleiten diese Eigenschaften in Überempfindlichkeit und Verwirrung ab, was an Wahnideen oder Ziellosigkeit erkennbar ist.

Krankheiten Augenleiden, Gehirnerkrankungen, Geistesabwesenheit.

3.1.12. Pluto im Widder

Charakter Außergewöhnliche Energie und Durchsetzungskraft; Führereigenschaften, die sich im negativen Fall als Machthunger oder als rücksichtslose Gewalt äußern können. Wenn unbewußte Kräfte durchbrechen, können neuartige Ideen etabliert werden.

3.1.13. Mondknoten im Widder

Charakter Es werden Verbindungen zu anderen Menschen gesucht mit dem Ziel, sie zu beherrschen oder zu führen. Persönliche Verbindungen werden gepflegt.

3.2. Stier

3.2.1. Aszendent im Stier

Körperbau

Gedrungene, schwere, etwas untersetzte Gestalt, (zu Fettansatz neigend); kurzer oder eingezogener Hals, schräge Kopfhaltung, breite, gewölbte, aber meist nicht symmetrische Stirn, große Schädelkapsel.

Charakter

Gefühlsbetontes, manchmal melancholisches Temperament (aber auch mit Humor), starkes Erdgebundenheitsempfinden, Beharrlichkeit, Ausdauer; Aufbau- und Gestaltungswille, Lebensliebe. Im ungünstigen Fall Starre, Eigensinn und Dogmatismus. Neigung zu Kritik und Opposition. Im allgemeinen ruhig und häuslich, eher schweigsam und verschlossen, (dadurch evtl. Tendenz zur Affektstauung).

Krankheiten

Neigung zu Hals-, Kehlkopf-, Rachen-, Hals- und Schilddrüsenleiden; sekundär Sexualerkrankungen.

3.2.2. MC im Stier

Charakter

Ziele werden ausdauernd verfolgt und die Persönlichkeit setzt sich langsam aber sicher durch. Diese Menschen sind meist duldsam und bestrebt, das Leben materiell abzusichern, was manchmal in Egoismus und Mißtrauen umschlagen kann.

3.2.3. Sonne im Stier

Charakter

Realistische, am Materiellen orientierte Lebenseinstellung, die nach finanzieller Absicherung strebt; Lebensgenuß. Langsamer, aber sicherer Aufstieg. Geduldig und zuverlässig, erhöhter Eigenwille. Verlangen nach Ruhe und Behaglichkeit. Leidenschaftliche, tiefgehende Gefühlsnatur. Widerstände und äußere Schwierigkeiten werden durch Zähigkeit und Ausdauer überwunden.

3.2.4. Mond im Stier

Charakter

Konservative Lebenshaltung, Verlangen nach Sicherheit, Besitz und festen Werten. Sinn für Schönheit, Kunst und Musik. Ruhig, naturverbunden und beständig in den Gefühlen. Im Fall anderer Tendenzen (zur Zähigkeit oder Hartnäckigkeit) im Horoskop versteift sich die materielle Haltung und wird festhaltend am Erworbenen, abgeneigt gegen Veränderungen; Neigung zu Depressionen.

Krankheiten

Halskrankheiten, Augenleiden, Mandelentzündung.

3.2.5. Merkur im Stier

Charakter

Langsame, nicht sehr elastische, aber gründliche gedankliche Verarbeitungsweise auf breiter Erfahrungsgrundlage mit einer Tendenz zur Praxis und Abneigung gegen Hypothesen. ("Bauernschläue") Neigung zur Systematisierung, Praktiker mit realistischen, folgerichtigen Gedankengängen, jedoch wenig flexibel und eher festhaltend an konservativen Ansichten. Starke Konzentrationsfähigkeit, dennoch besteht oft eine Abneigung gegen Debatten.

Krankheiten

Heiserkeit, Halsleiden, nervöse Unterleibserkrankungen.

3.2.6. Venus im Stier

Charakter

Genußliebend, sinnlich, tiefes Liebesempfinden, erhöhte Hingabefähigkeit. Partnerschaften sind gefühlsstark bis leidenschaftlich, aber der Besitzanspruch an den Partner kann zu, die Bindung gefährdenden Eifersuchtsproblemen, führen; nachtragend, Fixierung auf Äußerlichkeiten. Bei guter Aspektierung wirkt der Stier freundlich und sympathisch sowie eher beständig (treu) in den Zuneigungen als schwankend. Häufig künstlerische Begabungen oder Interessen (Musik, Gesang). Vorliebe für Schmuck, ein Hang zu Luxus in der Lebensführung und Interesse oder Begabung für Mode.

Krankheiten

Halsleiden, Kropf, Mandelentzündung, Schwellungen an Hals und Kehle. (Sekundär: Unterleibserkrankungen)

3.2.7. Mars im Stier

Charakter

Eine stetige Energie von relativ geringer Spontaneität verhilft zu großem kontinuierlichem Durchsetzungsvermögen, Beharrlichkeit. Ein starker, zäher und hartnäckiger Wille neigt zu Eigenwille bis Starrköpfigkeit. Ungewöhnlich ist die Arbeitskraft im Zeichen Stier samt der Ausdauer bei schwierigen Einsätzen. Die Einstellung ist überwiegend materiell-realistisch, und die praktischen Fähigkeiten sind auf Existenzsicherung und den Erwerb von Besitz ausgerichtet.

Krankheiten

Hals- und Nasenkrankheiten, vergrößerte, entzündliche Mandeln, Nasenbluten.

3.2.8. Jupiter im Stier

Charakter

Auf Geld und materielle Werte wird großer Wert gelegt, Neigung zu Wohlleben und Lebensgenuß bis zu Bequemlichkeit; aber auch großzügig und freigiebig Anderen gegenüber, bei sehr guter Aspektierung äußerst hilfsbereit. Die freundliche, entgegenkommende Persönlichkeit sowie die ruhige, ausbalancierte Wesensart wird allgemein geschätzt.

Krankheiten

Krankheiten aufgrund übermäßiger Genüsse, Bluthochdruck, Geschwüre, Katarrhe.

3.2.9. Saturn im Stier

Charakter

Starke Willenskraft, die sich auf ruhige, aber zähe Weise äußert, Ausdauer, Beharrlichkeit, manchmal trotzig-aufsässig. Die etwas schwerfällige Tendenz des Stier macht den Saturn geduldig, vorsichtig und in der Regel ausgesprochen praktisch (methodische Arbeitsweise) und realistisch, im negativen Fall gehemmt und träge; solide Lebensweise, konservative Einstellung. Streben nach materieller Absicherung, wobei die Wirtschaftlichkeit jedoch zu übertriebener Sparsamkeit ausarten kann.

Krankheiten

Chronische Halsleiden, schlechtes Zahnfleisch und anfällige Zähne, Erkältungen, Verstopfung.

3.2.10. Uranus im Stier

Charakter

Der revolutionäre Uranus tendiert beim Stier zu Sturheit, Trotz und zeigt festgefahrene Ansichten, die mit großer Hartnäckigkeit verfolgt werden. Finanziell wirkt diese Konstellation wenig stabil, da oft voreilig "alles auf eine Karte gesetzt wird", Spekulation; sie kann allerdings bei guter Aspektierung auch plötzliche Gewinne auslösen oder zeigt eine wirtschaftliche Begabung (Erfindungsgabe im Erwerbsleben) und Aufstieg zum Experten.

Krankheiten

Sprachstörungen (Stimmbänder), nervöse Störungen im Kehlkopf, Überreizung der Sprechorgane (Heiserkeit).

3.2.11. Neptun im Stier

Charakter

Stimmungsmenschen mit Taktgefühl; kreativ und schöpferisch mit einem Sinn für Formen, guter Geschmack. Bei schlechter Aspektierung entsteht ein Hang zu Genußgiften und die guten Eigenschaften schlagen ins Gegenteil um.

Krankheiten

Hals- und Augenkrankheiten, Mundgeruch.

3.2.12. Pluto im Stier

Charakter

Diese Konstellation deutet auf eine übermäßige Abhängigkeit von Geld und Besitz hin. Das Schicksal wird durch Gewinn oder Verlust beeinflußt.

3.2.13. Mondknoten im Stier

Charakter

Es wird viel Wert darauf gelegt Verbindungen zu erhalten und immer weiter zu festigen, so daß letztlich dauerhafte und zuverlässige Verbindungen und Gemeinschaften entstehen. Zuweilen wird danach getrachtet persönliche Vorteile durch Andere zu erzielen.

3.3. Zwillinge

3.3.1. Aszendent im Zwilling

Körperbau

Zarte, schlanke Statur, wenig Muskeln (gelegentlich auch athletischer Körper), selten Fettansatz, schmaler, langer Kopf; lange geschwungene, jedenfalls betonte, aber nicht kräftige Nase, lebhafte große Augen. Starke nervöse Veränderlichkeit der Gesichtszüge; meist gelblich-weiße Gesichtsfarbe. Lässige, etwas unruhige Haltung.

Charakter

Spontaneität, rasche Reaktion auf Umwelteinflüsse (Anpassung); redegewandt und gesprächig mit einer guten Auffassungsgabe. Bei negativer Stellung kann die Beweglichkeit in Unbeständigkeit und Unentschlossenheit tendieren, mit einer Neigung zu Oberflächlichkeit und Prahlerei.

Krankheiten

Nervosität, Krankheit der Atmungsorgane, Armbruch.

3.3.2. MC im Zwilling

Charakter

Diese Menschen besitzen vielfältige Ziele, die sie zwar schnell, aber nicht immer dauerhaft durchsetzen. Ihre Aktivität ist wechselhaft, mal lebhaft strebend, dann aber wieder in der Ausdauer nachlassend. Manchmal sind sie in ihren Betrachtungen oberflächlich oder verzetteln sich bei ihren Zielen.

3.3.3. Sonne im Zwilling

Charakter

Geistig beweglich durch den rasch erfassenden Verstand. Sprach- und Fremdsprachenbegabung, literarische oder künstlerische Neigungen; Lerneifer, aber mit einem Mangel an Konzentrationsvermögen, denn die unruhige Mentalität liebt die Abwechslung (Reisen) und ist zu vielseitig, um sich länger mit einem Thema zu beschäftigen. Extrovertiert und lebhaft, im negativen Falle Neigung zu Oberflächlichkeit, da die Interessen zu sehr schwanken, um in die Tiefe gehen zu können.

3.3.4. Mond im Zwilling

Charakter

Lebhafter Gefühlsausdruck oder seelische Unruhe, Zwiespältigkeit. Die Persönlichkeit ist umgänglich, gewandt, geistig beweglich, sportliebend, reisefreudig, wenn auch unbeständig, häufig schwankend. Veränderungslust, Verlangen nach äußeren Anregungen, Bekanntschaften, Aussprachen. So wird das psychische Verhalten rastloser, zuweilen oberflächlicher oder zersplittert sich in vielfältige Interessen. Rede- und Überzeugungsgabe.

Krankheiten

Erkrankungen der Atmungsorgane, Nervenstörungen, Rheuma in Schultern und Armen.

3.3.5. Merkur im Zwilling

Charakter

Rasche, bewegliche Auffassung und Verarbeitung (auch fremder Materien) unter Berücksichtigung sehr verschiedener Gesichts- und Standpunkte, vielseitiger Wissens-, Bildungs- und Lesedrang. Intuitive Sprachbegabung. Lebendige, vielseitig interessierte Mentalität mit Tendenz zu innerer Unruhe (Zerstreutheit) und Zersplitterung. Verlangen nach Erweiterung des geistigen Gesichtskreises und ausgesprochene Rede- und Fremdsprachenbegabung, kaufmännisches Talent. Vielseitiger Gedankenaustausch zur Umwelt, Geselligkeit. Liebe zum Reisen, Mangel an Tiefgang. Außerordentlich sensibles Nervensystem und daher psychische Reizbarkeit. Entscheidungsprobleme.

Krankheiten

Glieder- und Nervenschmerzen, Erkrankungen der Atemwege.

3.3.6. Venus im Zwilling

Charakter

Sympathisches, liebenswürdiges Wesen, entgegenkommend. Kontakte werden schnell geknüpft - aus Augenblicksstimmungen, sind aber manchmal oberflächlich, ohne Tiefgang, Flirts, Parallelverbindungen in der Ehe. Bei negativen Aspekten Scheu vor Verpflichtungen und vergnügungssüchtig. Gewandter Ausdruck in Rede oder Schrift, Sinn für Rhythmus und Harmonie. Phantasie in der Liebe und einnehmende Umgangsformen begünstigen schnelle Kontakte in der Liebe.

Krankheiten

Erkältungen (durch Sorglosigkeit), gestörte Atmungsorgane, schlechtes Blut.

3.3.7. Mars im Zwilling

Charakter

Bewegliche, anpassungsfähige, vielseitige Energie von starker und spontaner Durchschlagskraft, die geistig oder intellektuell beschwingt erscheint, aber oft veränderlichen, wechselnden Zielen dient. Handlungsbereitschaft, die sich bis zur Ruhelosigkeit entwickeln kann; Drang nach ständig Neuem, die Konzentration auf ein einziges Ziel wird abgeschwächt. Vielseitig im Intellekt und in den Fähigkeiten und Interessen, redebegabt, gewandt in der Verteidigung eigener Überzeugungen, scharfe Kritik bis Streitsucht. Wechsel in beruflichen Positionen, aber auch in den triebhaft betonten Verbindungen.

Krankheiten

Anfällig im Nervensystem (nervöse Krankheiten), Verletzungen an Armen und Händen, Lungenleiden.

3.3.8. Jupiter im Zwilling

Charakter

Bei dieser Konstellation bestehen fast immer vielseitige Begabungen und sehr oft literarische oder technische Fähigkeiten. Sie ist günstig für Studien, Examen und überhaupt für jede Erweiterung des geistigen Horizontes. Die Veranlagungen machen sich im kaufmännischen, künstlerischen und schriftstellerischen Bereich bemerkbar. Beliebtheit, kontaktfreudig, mitteilsam und gesprächig, im negativen Fall oberflächlich und leichtlebig. Die gute Beobachtungsgabe, auch die Beobachtung anderer Menschen, bringt Vorteile in vielfältiger Art.

Krankheiten

Lungenkrankheiten. (Sekundär: Gicht, Rheuma)

3.3.9. Saturn im Zwilling

Charakter

Dieser merkurial beeinflußte Saturn tendiert zu Studien, zu wissenschaftlichen Arbeiten und manueller Geschicklichkeit; in der Arbeit sorgfältig und gewissenhaft. Zwilling lockert den Saturn wesentlich auf und stellt oft einen Bezug zur Mathematik, Planung und Organisation her, Beschäftigung mit schwierigen Problemen. In der Regel erfolgt der soziale Aufstieg langsam, jedoch stetig. Die reine Gefühlskomponente ist benachteiligt: Bei ungünstigen Aspekten ergeben sich mit Geschwistern und Verwandten besonders in der Jugend Schwierigkeiten vielfältigster Art. Auch besteht dann eine Neigung zu Depressionen, Schüchternheit und Unbeholfenheit.

Krankheiten

Rheuma in Schultern und Armen, Asthma, Hüftleiden.

3.3.10. Uranus im Zwilling

Charakter

Unstete Position, die mit vielen Wechseln verbunden ist, die urplötzlich eintreten können, wobei die gesamte persönliche Situation verändert wird. Rasche Reaktionen und Auffassungsgabe, Umsicht. Reiseliebend, besonders plötzliche Auslandsreisen, im negativen Fall Neigung zu einem unruhigen Wesen und zu Zersplitterung. Die intellektuelle Wendigkeit verbindet sich mit der Vielseitigkeit der Ideen und Pläne und führt zu originellen Ideen und zu einer schnellen Anpassung an veränderte Sachlagen oder Berufspositionen. Finanzielle Aktionen sind gewagt, wobei jedoch bei positiven Aspekten die Möglichkeit eines plötzlichen Geldzuwachses besteht.

Krankheiten

Bei sportlichen Aktivitäten besteht mitunter eine Tendenz zur Verletzung der Gliedmaßen. Krampfartige Erscheinungen.

3.3.11. Neptun im Zwilling

Charakter

Liebe zur Natur. Starkes Einfühlungsvermögen, ausgeprägte Phantasie; empfänglich für Eingebungen, mystische Bestrebungen. Bei schlechter Aspektierung wird die Phantasie verworren, im Geiste herrscht Zwiespalt und Unklarheit, unrealistische (verträumte) Lebensauffassung, was zu Enttäuschungen führen kann.

Krankheiten

Nervenerkrankungen, Auszehrung; schlechtes Gedächtnis.

3.3.12. Pluto im Zwilling

Die Durchsetzungskraft drückt sich auf der Ebene der Sprache aus, was bis zur Fähigkeit der Massensuggestion gehen kann. Wissenschaftler, Redner, Organisator. Im negativen Fall wird das Verhalten rücksichtslos. *Charakter*

3.3.13. Mondknoten im Zwilling

Verbindungen werden zum Zweck des Austausches und der Anregung eingegangen, sie sind sehr vielseitig. Bei negativer Aspektierung sind diese Verbindungen nur oberflächlich oder von kurzer Dauer. *Charakter*

3.4. Krebs

3.4.1. Aszendent im Krebs

Körperbau

Kleinere Gestalten mit weichen Formen und lockerem, wenig muskulösem Gewebe. Großer, runder Kopf; starker Haarwuchs; weichblickende Augen; breiter, voller Mund, der im reiferen Alter etwas Schlaffheit zeigt. Die ersten Krebsgrade (vielleicht jene mit Wassermann am MC) zeigen aber oft einen schlanken, zarten Körper; die letzten (Widder am MC?) neigen zu athletischen Einschlägen.

Charakter

Stimmungsabhängig, beeinflußbar und anlehnungsbedürftig. Umsorgendes, mitfühlendes, manchmal sogar aufopferndes Wesen. Im negativen Fall launenhaft, unselbständig und überempfindlich. Es verbindet sich starker Ehrgeiz und Fleiß mit Phlegma.

Krankheiten

Neigung zu Magen-, Darm- und Stoffwechselstörungen, auch Rheuma.

3.4.2. MC im Krebs

Charakter

Die Persönlichkeit setzt sich taktvoll und gefühlsbetont durch. Trotz Rücksichtnahme auf Andere leben diese Menschen selbständig, meist einfach und sparsam. Es besteht eine Neigung zu Beeinflußbarkeit und Empfindlichkeit.

3.4.3. Sonne im Krebs

Charakter

Historisch orientierte, auf Erfahrung fußende und in Erfahrung mündende Mentalität. Der Gefühlssektor ist am stärksten ausgeprägt und daher rasch beeindruckbar und empfänglich. Krebs-Menschen stecken voller Stimmungen und Launen, sind sehr empfindlich und verlangen zum Teil nach persönlicher Beachtung. Zeitweise sind sie zurückhaltend bis schüchtern. Es besteht eine Anlage zur Sparsamkeit und Wirtschaftlichkeit. Sie neigen zur Häuslichkeit und haben einen Sinn für Familie und Tradition. Das Verlangen nach Harmonie ist stärker als die Angriffslust.

3.4.4. Mond im Krebs

Charakter

Sensitiv, anpassungsfähig, anhänglich, vorsorglich, Nachahmungsgabe. (Wichtig sind die Aspekte auf den Mond.) Starke Verbundenheit mit Heimat, Familie, Verlangen nach einem ruhenden Pol. Anfälligkeit des Gemüts, es bedarf eines seelischen Halts in Form traditioneller Bindungen. Ansichten, Pläne, Ziele, Überzeugungen sind wandelbar. Zuweilen ergibt sich eine Führung aus dem Unbewußten mittels Intuition und Gefühlszeichen. Diese Mondposition dämpft Aggressionen, macht außerordentlich empfänglich für alle Umwelteindrücke, bedarf in den engsten Kontakten der Harmonie. Neigung zu Schüchternheit und Ängstlichkeit.

Krankheiten

Magenleiden (Wechselbeziehung zwischen Gemütsverfassung und Verdauungsorganen), Fettsucht, Mondempfindlichkeit (Schlafwandler).

3.4.5. Merkur im Krebs

Charakter

Stark intellektuell empfänglich, Denken und Gefühl werden verbunden. Schlecht gestellt, mischt sich der Verstand in die Gefühle ein. Sehr gutes Gedächtnis und Intuition, die jedoch von Stimmungen und Launen abhängig ist. Umgängliches Wesen, zur Diplomatie befähigt, aber schnell gekränkt. Kunstliebend (vor allem die Musik und Literatur), reiselustig. Zuweilen Abhängigkeit von Meinungen und Ansichten anderer Menschen. Bei aspektverletztem Merkur taucht die Fähigkeit zum Täuschen anderer Menschen auf.

Krankheiten

Nervöse Magenleiden, "Freßsucht".

3.4.6. Venus im Krebs

Charakter

Weiches, beeindruckbares und anhängliches Gefühlsleben. Oft mediale Veranlagung. Passive Genußliebe, die bei schlechter Aspektierung in Genußsucht, Nachlässigkeit und Bequemlichkeit umschlagen kann. Hingabefähigkeit, jedoch allzu oft Beeinflußbarkeit durch äußere Dinge, wobei der erste Eindruck entscheidend ist. Aufbringen von großer Zuneigung und tiefer Sympathie, was sogar bis zur Aufopferung gehen kann. Tiefes Liebesempfinden und Liebesbedürfnis, manchmal unbeherrscht im Liebesleben. Frühere Bindungen oder Freundschaften werden nicht leicht vergessen. Frauen ziehen eine Bindung an ältere, reifere Partner vor. Heim und Häuslichkeit werden hoch eingeschätzt, vor allem in der zweiten Lebenshälfte.

Krankheiten

Magenleiden, Verdauungsstörungen, Magenübersäuerung (durch Genußsucht).

3.4.7. Mars im Krebs

Charakter

Starkes Gefühlsleben, gefühlsgeleitetes Handeln, betriebsam-unruhige Energie von wechselnder Stoßkraft, nicht ohne diplomatische Finessen. Schnell ungeduldig, manchmal impulsiv, was zu psychischen Spannungen führt. Der innere Willensantrieb wechselt zwischen Aktivität und Passivität; Abhängigkeit von Stimmungen, launenhaft. Das Nervensystem ist sensibel und bei negativen Aspekten ergibt sich eine leichte Aufgeregtheit. Starkes Verlangen nach Familienbindungen als Rückhalt und zur Herstellung einer inneren und äußerlichen Harmonie. Erhöhte Sinnlichkeit.

Krankheiten

Nervös bedingte Magenleiden. Magengeschwüre; Übersäuerung des Magens.

3.4.8. Jupiter im Krebs

Charakter

Gefühlsreichtum; Gerechtigkeitssinn. Neigung zu Luxus und Wohlleben, im geschäftlichen Bereich Tüchtigkeit. Die Interessen liegen im häuslichen Bereich, Familiensinn; nach außen hin sind diese Menschen freundlich und großzügiger als dies der Krebs-Geborene sonst ist. Die meist starke Intuition und Empfänglichkeit führt zu Phantasie; Freude an materiellen Genüssen, leicht verführbar und beeinflußbar.

Krankheiten

Krankheiten, die auf falscher Ernährung beruhen, Magenerweiterung (unmäßiges Essen), Leberstörungen, Blutkrankheiten.

3.4.9. Saturn im Krebs

Charakter

Verlangen nach Absicherung (durch Haus, Grundstücke, Familie); in der Regel sparsam bis wirtschaftlich und in den innersten Zielen zäh und beharrlich. Der Krebs-Geborene wirkt unter dem Saturn-Einfluß etwas mißtrauisch und manchmal depressiv, ist jedoch zumindest im Gefühlsbereich empfindlich. Infolge mangelnder Aufgeschlossenheit ist zuweilen eine gewisse Schüchternheit vorhanden. Im Allgemeinen erhöht der Saturn die Tendenz zur Stimmungsanfälligkeit und zu Launen.

Krankheiten Magen- und Darmkrankheiten (Geschwüre), Gelbsucht, Gallensteine, Blutarmut, anfällig für Krebserkrankung.

3.4.10. Uranus im Krebs

Charakter Sensibles Wesen, phantasievoll bis medial; Neigung zu Stimmungsschwankungen und zu plötzlicher Unzufriedenheit mit dem Bestehenden. Durch den Ideenreichtum können schnell neue Möglichkeiten gefunden werden. Wenn auch die Handlungen und Ansichten oft unberechenbar und wechselhaft sind. Zuweilen tauchen starke psychische Spannungen auf, die engere Beziehungen als unbestimmbar erscheinen lassen. Schwierigkeiten in der Familie bringen häufig einen Ortswechsel.

Krankheiten Magenkrämpfe (nervös), Neigung zu Halluzinationen.

3.4.11. Neptun im Krebs

Charakter Feinfühligkeit, was bei negativer Aspektierung zu Überempfindlichkeit führen kann. Verinnerlichung, tiefes Gemüt, daher auch leicht Enttäuschungen, da alles 'zu Herzen genommen wird'; seelisches Verbundensein mit Anderen (Anhänglichkeit).

Krankheiten Depressionen, Melancholie, Nervenleiden.

3.4.12. Pluto im Krebs

Charakter Grüblernatur, Magier, außergewöhnliche Aufgaben werden übernommen, einsames Suchen und Forschen auf neuen Gebieten.

3.4.13. Mondknoten im Krebs

Charakter

Die Verbindung zu Elternhaus und Heimat wird aufrechterhalten und Traditionen werden gepflegt. Streben nach seelischen Verbindungen. Bei ungünstigen Aspekten kommt es zu Differenzen im familiären Bereich.

3.5. Löwe

3.5.1. Aszendent im Löwen

Körperbau

Athletisch-elastische Gestalt; großer, rundlicher, hoher, markanter Kopf; kräftige Gesichtszüge; hellfarbige, gut durchblutete Haut; große, energisch blickende Augen. Der Mund ist groß, kräftig, vorgeschoben, mit heruntergezogenen Winkeln. Bei Männern später buschig hervortretende Augenbrauen, wenn die Gesichtsregion nicht schon durch Wülste betont ist. Frauen sind imposant, von üppiger Schönheit.

Charakter

Selbstbewußte, autoritäre, manchmal auch selbstherrliche, machtliebende, Persönlichkeit. Würdevoll, freigiebig, gerecht, offen; Prachtliebe; Lebensfreude, Abenteuerlust.

Krankheiten

Bei starker 'Vitalität' Neigung zu Erkrankungen von Herz, Kreislaufgefäßen, Rückenmuskulatur und Rückenmark.

3.5.2. MC im Löwen

Charakter

Ehrgeizig beim Erstreben hoher sozialer Stellungen. Die Ziele sind hochgesteckt und werden mit Selbstsicherheit und Optimismus vertreten. Großzügig, manchmal aber nur aus egoistischen Zielen; reagiert empfindlich auf Statusverletzungen.

3.5.3. Sonne im Löwen

Charakter

Besitz, Rang- und Machtverhältnisse bestimmen die zur Extraversion neigende Mentalität. Das starke Selbstbewußtsein verlangt nach Beachtung und sozialem Aufstieg, welcher aus eigener Kraft erfolgt. Starke Gefühlsimpulse, Begeisterungsfähigkeit. Neigung zum Leiten, Organisieren und Führen. Großzügig bis freigiebig. Gestaltungswille, Gedankenreichtum, Schöpferkraft (schauspielerische Fähigkeiten). Bei ungünstigen Aspekten zuweilen etwas tyrannisch, selbstherrlich und gönnerhaft. Dann wird auch gerne über andere Personen verfügt.

3.5.4. Mond im Löwen

Charakter

Selbstbewußtsein, Selbstwertgefühl, Stolz; Luxusliebe. Neigung zu imposanter und unabhängiger Lebensführung. Inneres Verlangen nach Einfluß, Verantwortung und Führung drängt den Mondeinfluß in feste und bestimmte Formen, die andere labile Konstellationen im Horoskop stützen und aufbessern. Durch ein starkes Geltungsbedürfnis, die Fähigkeit zur Selbstdarstellung und einem inneren Verlangen nach Durchsetzung der eigenen Persönlichkeit könnte eine herabgesetzte Anpassungsfähigkeit entstehen. Liebenswürdigkeit, Herzlichkeit und Leidenschaftlichkeit tendiert, schlecht aspektiert, zu psychischer Erregbarkeit und Reizbarkeit. Großzügigkeit zeigt inneren Stolz aber große Verletzbarkeit im eigenen Gefühl.

Krankheiten

Herzstörungen, Erkrankungen des Rückenmarks, Blutkrankheiten, Augenleiden.

3.5.5. Merkur im Löwen

Charakter

Schöpferisches, zielorientiertes Denken, aktiver Verstand; Planreichtum, praktische und großzügige Lebensauffassung. Der Wesenskern ist optimistisch und aufrichtig, jedoch eigenwillig und sehr auf persönliche Beachtung, Ruf und Anerkennung bedacht. Selbstbewußtsein, Selbstvertrauen. Liebe nach Unabhängigkeit und Ablehnung von

Zwängen und Dogmen jeglicher Art. Unternehmungslustig, begeisterungsfähig. An einmal gewonnenen Überzeugungen wird jedoch solange wie möglich festgehalten. Weitblick, Organisationsbegabung, geistige Führer.

Krankheiten Herzneurose, Rückenschmerzen.

3.5.6. Venus im Löwen

Charakter Ausgeprägte, oft verschwenderische Genußliebe: Gefallen an schöner Kleidung und luxuriöser Umgebung. Leidenschaftliche, aber selten unbeherrschte Sinnlichkeit (Leichtlebigkeit). Lebhaftes, impulsives, jedoch nicht haltloses Gefühlsleben. Liebesbedürftigkeit; Geselligkeit, Kontaktfreudigkeit, Beliebtheit. Starke Lebens- und Sinnenfreude, wobei sich tiefgehende Kontakte ergeben, die oft ausschließlich für sich selbst beansprucht werden, d.h. es besteht wenig Verständnis für Parallelkontakte. Bei Enttäuschungen in der Liebe können große Eifersuchtsprobleme und schwere seelische Krisen auftreten, da Stolz und Geltungsbedürfnis keine Einbußen vertragen können.

Krankheiten Rückenleiden, Blutkrankheiten, Herzerweiterungen.

3.5.7. Mars im Löwen

Charakter Spontane, aber auch nachhaltige und ausdauernde Energie von großer Stoßkraft. Die erhöhte Triebkraft ist vielseitig und löst mitunter impulsiv erfolgende Kontakte aus. Begeisterungsfähig und in den Gefühlen leidenschaftlich. Arbeitseifer und Tatbegeisterung kann bei negativen Aspekten bis zur totalen körperlichen Verausgabung führen, auch zu Streitlust und Herrschlust. Es handelt sich um eine ausgesprochene Ehrgeiz-Konstellation, die nach Verantwortung und Führung verlangt. Alles Kleinliche und Engherzige wird abgelehnt. Zeitweilig wird über die Verhältnisse gelebt.

Krankheiten

Herzkrankheiten (als Folge von Überanstrengung), Rükkenleiden, Muskelrheuma.

3.5.8. Jupiter im Löwen

Charakter

Selbstbewußter Wille zu Leitung und Führung, dennoch hilfsbereit; Liebe zu kultivierter Lebensführung, wobei manchmal eine gewisse Prunksucht vorherrscht, im negativen Fall reicht es bis zu Selbstbewunderung und Eitelkeit. Großzügigkeit steht auf gleicher Stufe mit dem persönlichen Mut. Die Gefühle sind stark entwickelt und die Person strahlt Würde und Repräsentation aus. Bei guter Aspektierung hat diese Konstellation eine ausgezeichnete Wirkung auf Besitz, sozialen Aufstieg, Liebe und Freundschaften.

Krankheiten

Herzkrankheiten (Erweiterung, Verfettung), Neigung zu Schlaganfällen, Kreislaufstörungen.

3.5.9. Saturn im Löwen

Charakter

Das Löwe-Zeichen repräsentiert eine gesteigerte Unternehmungslust und führt sekundär auch zur Überheblichkeit. Der Saturn steht für Hemmung, aber auch für Zähigkeit und Ausdauer. Diese Konstellation beinhaltet Zuverlässigkeit, Einfachheit, Vorsichtigkeit und eine gewisse Schüchternheit, die sich bis zu einem gehemmten Triebleben entfalten kann. In erster Linie wird nur der Ernst des Lebens gesehen, mit einer Tendenz zu rascher Verletzbarkeit des persönlichen Stolzes. Bei Partnerschaften ergeben sich leicht Eifersuchtsprobleme, denn die eigene Treue wird auch vom Partner gefordert.

Krankheiten

Herzmuskelschwäche, Arterienverkalkung, Rückenschwäche.

3.5.10. Uranus im Löwen

Charakter

Es besteht der Drang, sich gerne gefühlsmäßig stark zu engagieren und in der Liebe wird nach leidenschaftlichen Beziehungen gesucht. Unternehmungsgeist (bis zur ewigen Sehnsucht in die Ferne), Freiheitsliebe, Tapferkeit, Entschlossenheit; allerdings wechseln Ideen rasch. Bei negativen Aspekten wird das Leben geprägt von ständigen Konfliktsituationen und Aggressionen. Bei guten Aspekten Tendenz zu gewagten Spekulationen, die jedoch auch das Geld zufließen lassen. Häufig bestehen künstlerische Ambitionen.

Krankheiten

Herzneurosen, Krämpfe.

3.5.11. Neptun im Löwen

Charakter

Fähigkeit für vielseitiges Planen; Begeisterungsfähigkeit, Schauspieltalent, Liebe zu Schönheit und Kunst, Geselligkeitsbedürfnis. Bei negativer Aspektierung besteht eine Neigung zu Übertreibung und Selbstbeschönigung, Verschwendungssucht, Verführbarkeit.

Krankheiten

Schwache Konstitution, Herzschwäche, Krankheiten durch Genußgifte und Betäubungsmittel.

3.5.12. Pluto im Löwen

Charakter

Starke Triebkräfte. Fähigkeit zu außergewöhnlichen Leistungen auf einem Spezialgebiet. Im negativen Fall Drang nach Machtentfaltung oder sogar Gewaltherrschaft.

3.5.13. Mondknoten im Löwen

Charakter

Es besteht eine Liebe zu großen Gesellschaften und Festen, Vergnügungen. Man macht sich gerne in der Gesellschaft beliebt und bedarf der allgemeinen Anerkennung. Unter negativen Aspekten besteht eine Neigung zu Verschwendung, Prachtliebe und Spekulation (mit Anderen).

3.6. Jungfrau

3.6.1. Aszendent in Jungfrau

Körperbau

Untersetzter Körper, der aber gegenüber Planetenwirkungen, die zartere Einschläge vermitteln, sehr empfindlich ist. Die unscheinbare Gestalt wird aufgelockert von einer wenig ausgesprochenen, aber gut proportionierten Formenbildung des Körpers. Hohe, steile, glatte Stirn. Neigung zu Haarschwund, besonders an den Stirnpartien (Geheimratsecken); kühle, beobachtende, mittelgroße Augen; dunkler, schwach durchbluteter Teint; wenig charakteristische, zarte Gesichtsformen.

Charakter

Das Wesen ist zurückhaltend bis vorsichtig mit einer kritischen Einstellung. Es besteht eine gute Beobachtungsgabe, die eingesetzt wird um neue Ideen zu prüfen. Denn es wird nicht voreilig gehandelt, Drang nach geordneten Verhältnissen. Gründlichkeit, Sorgfalt, Einfachheit, Ordnungsliebe. Im negativen Fall können diese Eigenschaften ausarten in Umständlichkeit, Pedanterie und Voreingenommenheit.

Krankheiten

Tendenz zu oft sehr früh beginnenden Störungen und Erkrankungen der Magen-, Darmorgane, zu nervösen Beschwerden, Hypochondrie (Schwer- mut), zu hygienischen oder diätischen Fanatismus.

3.6.2. MC in Jungfrau

Charakter

Es wird viel Wert auf Erwerbssicherung und fester Lebensstellung gelegt, Ordnungsliebe. Neigung zu Kritik, manchmal kleinliche Kritik; Überempfindlichkeit.

3.6.3. Sonne in Jungfrau

Charakter

Die Mentalität ist materiell orientiert und neigt bei extravertierter Tendenz zur Zergliederung, d.h. es bestehen analytische Fähigkeiten. Zurückhaltender, abwartender Typ, in der Regel eine sehr gute Beobachtungsgabe und Neigung zur Kritik. Im Extremfall können Feinde durch Nörgelei geschaffen werden. Die persönlichen Gefühle werden nicht gerne gezeigt. Es besteht ein ausgezeichneter Realitätssinn mit sachlicher Beurteilung der Tatbestände. Fleißig, sorgfältig, methodisches Denken; Fähigkeit Vorteile zu erkennen und zu nützen, bei negativer Stellung werden gute Gelegenheiten oft verpaßt. In der Regel sparsam bis berechnend; pädagogische Fähigkeiten (Lehrer).

3.6.4. Mond in Jungfrau

Charakter

Vorsichtig, sorgfältig, kritisch, seelisch oft spröde und reserviert. Es zeigt sich wenig Neigung zu selbständiger, persönlicher Lebensführung. Die kritische Beurteilung und scharfe Beobachtungsgabe mit Neigung zu Pedanterie und Egozentrik können sich problematisch bei engsten Verbindungen auswirken. Gefühle werden vom Verstand beherrscht. Die ausgezeichnete Kalkulation und Beobachtungsgabe wirken sich mehr im Detail einer Sache aus als im großen. Kühle Berechnung mit einem ausgeprägten Erwerbssinn. Persönliche Vorteile werden rasch erkannt. Ein besonderer Vorteil dieser Mondposition geht in die Richtung der Methodik, Ordnungsliebe, Genauigkeit und Pflichterfüllung.

Krankheiten

Darmkrankheiten, Gallenleiden, schwache Nerven.

3.6.5. Merkur in Jungfrau

Charakter

Analytischer Intellekt mit Sinn für Details, starke Beobachtungsgabe, feines Unterscheidungsvermögen, grammatikalische Begabung. Es wird sehr exakt gearbeitet. Von daher besteht eine Begabung für Mathematik und Wissenschaft. Der kritische Verstand arbeitet mit Methodik. Häufig ist ein schriftstellerisches Talent (für Sachbücher) vorhanden, gute Anlagen für kaufmännische, wissenschaftliche und praktische Tätigkeiten, Eignung zum Pädagogen, Kritiker, Steuer- oder Wirtschaftsberater. Wegen allzu großer Beachtung der Details, geht der Gesamtüberblick manchmal verloren.

Krankheiten

Nervöse Verdauungsstörungen (bei sitzender Lebensweise), nervöse Schwäche, eingebildete Krankheiten.

3.6.6. Venus in Jungfrau

Charakter

Neigung zu Gefühlssprödigkeit, die Gefühle werden intellektuell gelenkt und durch praktische Erwägungen unterdrückt, Streben zu moralischer Lebensführung, Sittlichkeit. Berechnung der Gefühle (aus Furcht vor Enttäuschungen), es wird wenig Gefühlsleidenschaft gezeigt, dafür um so mehr Zurückhaltung, manchmal Hemmungen. Die Haltung gegenüber dem Partner ist kühl abwägend, wobei die Charakterfehler oder Schwächen desselben rasch erkannt werden. Durch Unentschlossenheit in Liebesangelegenheiten besteht nicht unbedingt eine Bereitschaft zur Ehe. Bei sehr guter Aspektierung der Venus gewinnen partnerschaftliche Verbindungen nach einiger Zeit jedoch größere Bedeutung und können dann später zu einer echten kameradschaftlichen Bindung führen.

Darmkrankheiten, Geschwüre. Neigung zu Neurosen und Psychosen. *Krankheiten*

3.6.7. Mars in Jungfrau

Charakter

Die Energie des Mars wird intellektuell gesteuert. Dies äußert sich als Interesse und Ausdauer bei wissenschaftlichen Tätigkeiten. Geschicklichkeit, Unterscheidungsvermögen, Methodik; Anpassungsfähigkeit, Ausnutzung jeder Lage. Diese Konstellation deutet fast immer auf Praktiker hin mit viel Sinn für das Detail einer Sprache (Argumentation), mit Konstruktionstalent und Erfindergabe. In der Triebssphäre können sich Schwierigkeiten ergeben, zumal sich der Intellekt in die Gefühle einmischt und es zu Ernüchterungen kommen kann. Bei schlechter Aspektierung entsteht Launenhaftigkeit, Reizbarkeit und eine Kritiklust, die schon "besserwisserisch" wirkt.

Krankheiten

Krankheiten des Darms und des Verdauungssystems, Blinddarmentzündung, Hämorrhoiden.

3.6.8. Jupiter in Jungfrau

Charakter

Freundliches, aber skeptisches Wesen. Die Auffassungen sind realistisch und praktisch orientiert. Zuweilen besteht eine Tendenz zur Selbstgefälligkeit. Sittliche und moralische Qualitäten; Lerneifer und Lehrtalent; Ehrgeiz, Organisationstalent und Kritikfähigkeit. In sehr vielen Fällen besteht eine wissenschaftliche Begabung und Befähigung. Bei schlechter Aspektierung besteht eine Neigung zu oberflächlicher Kritik und Sorglosigkeit.

Krankheiten

Lebererkrankungen, Darmkrankheiten, Leberschwellung, Geschwüre, Neigung zu Diabetes.

3.6.9. Saturn in Jungfrau

Charakter

Fast immer bestehen Pflichtgefühl und Ordnungsliebe. Einsichten erfolgen verstandesmäßig und ernsthaft, Verantwortungsbewußtsein, Korrektheit. Etwas ichbezogener Typ, der zur Kritik neigt und schnell den Splitter im Auge des Nächsten entdeckt. Der Blick bleibt mehr auf das Detail einer Sache gerichtet als auf die große Linie. In den Bindungen wenig anpassungsfähig, und in Gemeinschaften zeigt sich ein strenges bis kühles Verhalten, manchmal auch Tendenz zu Eigenbrötelei, Gefühl des Unverstandenseins. An Personen dieser Konstellation kann Nörgeln oft beobachtet werden, aber auch Verschwiegenheit. Hinsichtlich der persönlichen Entwicklung weist die Jugend oft Hemmungen und Hindernisse auf.

Krankheiten

Blinddarmentzündung, eingebildete Krankheiten. Neigung zu Depressionen.

3.6.10. Uranus in Jungfrau

Charakter

Wissenschaftliche Interessen, Fähigkeit zu Forschertätigkeit in den Bereichen Technik, Mathematik, Physik oder Chemie. Kritisches, analytisches Denken, Erfindungsgeist, Geschicklichkeit, schnelle Auffassungsgabe. Es bestehen Interessen an Reformen, der Heilkunde (Heilpraktiker) oder auch im Ernährungswesen. Mit den Mitmenschen tauchen manchmal Schwierigkeiten auf, wegen taktloser Offenheit oder unangebrachter Kritik. Bei negativen Aspekten werden die eigenen Fähigkeiten gerne überschätzt. Fast immer ist eine Redebegabung, wenn auch vielleicht nur latent, vorhanden.

Krankheiten

Darmkrämpfe, Blähungen.

3.6.11. Neptun in Jungfrau

Charakter

Es besteht ein gutes Einfühlungsvermögen in andere Menschen; Interesse für Heilkunde, oft sind heilmagnetische Kräfte vertreten. Verbindung zwischen Intellekt und Inspiration, was sich als Ahnungsvermögen ausdrücken kann, Einbildungskraft. Offenheit für neue Ideen und Pläne, Planreichtum. Im schlechten Fall: Krankhafte Empfindlichkeit, Nörgelei, schwierige Zusammenarbeit, Plan- und Ziellosigkeit.

Krankheiten

Darmerkrankungen (Krebs), Nervenleiden.

3.6.12. Pluto in Jungfrau

Charakter

Forscherdrang und Sammeleifer. Mit den einfachsten Mitteln kann viel erreicht werden. Wissenschaftliche Ziele werden teilweise mit fanatischem Eifer verfolgt.

3.6.13. Mondknoten in Jungfrau

Charakter

Wissenschaftliche Vereinigungen im Sinne von Arbeitsgemeinschaften werden veranstaltet oder es wird Verbindung mit Lehr- oder Forschungsinstituten gesucht. Differenzen oder Streitereien können entstehen durch Nörgelei und unangebrachte Kritik.

3.7. Waage

3.7.1. Aszendent in Waage

Körperbau

Schlanke bis athletische Konstitution, (in der 2. Hälfte des Zeichens leicht untersetzt). Reagiert lebhafter auf Einflüsse von Jupiter, Venus, Mond usw. als andere Zeichen. Ausgeglichene, gut proportionierte, oft elegante Gestalten von großer Regelmäßigkeit der Gesichtszüge. Gerader Nasenansatz, bei Frauen, die sonst oft ausgesprochen schön sind, nicht selten 'Soubrettennase'. Meist großporige, feuchte, empfindliche Haut. Bei Krankheit und im Alter oft Augensäcke.

Charakter

Lebhaftes, heiteres Temperament, ansprechbar, gesellig, liebenswürdig, höflich, angenehm. Gefühlsbetontes Wesen mit Sinn für Harmonie und einem starken Anlehnungsbedürfnis. Bei negativer Aspektierung gleiten diese Eigenschaften ab in Lässigkeit, Eitelkeit, Überheblichkeit.

Krankheiten

Disposition zu Stoffwechselleiden, Nierenerkrankungen.

3.7.2. MC in Waage

Charakter

Geselliges, harmonisches Wesen, was sich durch Anpassung und Zusammenarbeit durchsetzt und durch Protektion von Anderen vorwärtskommt. Die Interessen sind meistens materiell orientiert, manchmal besteht eine Neigung, Andere zum eigenen Vorteil auszunutzen.

3.7.3. Sonne in Waage

Charakter

Harmonisch orientierte Mentalität leicht introvertierter Prägung; Realismus, der Tatsachen und Ideen gleichmäßig wertet und in Verbindung zu bringen sucht. Oft künstlerische Weltanschauung und Interessen, Tendenz zur Malerei. Starker Ehrgeiz und Anfälligkeit im Stolz, da die Persönlichkeit beachtet und anerkannt sein will. Man reagiert stark auf Lob und Schmeichelei. Zurücksetzungen werden schwer ertragen. Stets zu engeren Kontakten und Verbindungen bereit. Gesellige Natur, die schwer allein sein kann. Verlangen nach Harmonie zwischen Gefühl und Verstand, sehr gerechtigkeitsliebend.

3.7.4. Mond in Waage

Charakter

Anregsamkeit, Ausgleich, Scheu vor intimen, persönlichen und familiären Disharmonien. Empfindungen werden lebhaft geäußert. Unverbindliche, gesellige und liebenswürdige Schauseite der Persönlichkeit mit diplomatischer Anpassungsgabe. Drängt zu geselligen Kontakten, engeren Verbindungen und kann nicht allein sein, liebebedürftig bis abhängig vom Partner. Andere härtere Konstellationen im Horoskop werden durch die windschlüpfrige Wesensart von Libra aufgelockert und entschärft. Vielseitige Verbindungen zur Umwelt, harten und lang andauernden Willenseinsätzen gegenüber abgeneigt. Ästhet, Anerkennungsliebe, Eitelkeit, Mangel an Selbstverantwortung.

Krankheiten

Nierenkrankheiten (Harnsäureüberschuß), Schweißhände und -füße, Schlafstörungen.

3.7.5. Merkur in Waage

Charakter

Rasch auffassender, leicht verarbeitender, beweglich ausgleichender Intellekt, der Form und Inhalt, Tatsachen und Ideen zu verbinden trachtet und oft von einer gewissen Gefühlswärme belebt erscheint. Diplomatie, so daß Gegensätze überbrückt werden können. Nach außen hin verbindliches Wesen, gutes Urteilsvermögen und gewandter Redner, Anlage zu Fremdsprachen. Vermeidet Aggressionen und jede Art von Auseinandersetzungen innerhalb von Gemeinschaften. Psychologie, Rechtswissenschaften und Soziologie sind bevorzugte Wissensgebiete. Gerechtigkeitsliebend und klares Abwägen einer Sache.

Krankheiten

Nierenkrankheiten, Hexenschuß, Kopfnervenleiden.

3.7.6. Venus in Waage

Charakter

Sympathisches Wesen, verfeinertes Gefühl, ästhetisch orientierte Sinnlichkeit, künstlerische Anlagen (Schauspiel, Malerei), Lebenskünstler. Im finanziellen Bereich keine besondere Kalkulationsgabe, eher Hang zu Luxus oder gar Verschwendung, falls die Venus ungünstig aspektiert wäre. Auf die gesellschaftliche Lage und die Bedeutung der eigenen Persönlichkeit (bei Heirat) wird viel Wert gelegt, Freude an Geselligkeit und Vergnügungen. Insgesamt verfeinert Libra den Geschmack, sehr viel Begabung für Mode. Ungünstige Aspekte auf die Venus (insbesondere vom Saturn oder Uranus) wirken hier allerdings sehr stark in Richtung von Trennung oder Scheidung.

Krankheiten

Nierenkrankheiten (Harnsäurevergiftung), Störungen durch falsche Ernährung.

3.7.7. Mars in Waage

Charakter

Lebhaft-impulsive, jedoch nicht immer ausdauernde Energie. Energieeinsätze, die infolge von Ungeduld nicht durchgehalten werden, schwanken. Die Ichbezogenheit führt schnell zu gekränktem Stolz. Rasch und mühelos wird zur Umwelt Kontakt aufgenommen. Liebe zum anderen Geschlecht, brillant in Rede- und Überzeugungsgabe. Das Bemühen, auf Andere Eindruck zu machen, führt oft zur Eitelkeit. Trotz Enttäuschungen oder Ernüchterungen in den engeren Bindungen (Liebe und Ehe) wird immer wieder versucht neue Kontakte zu knüpfen. Im Gefühlssektor rasch erregbar, teilweise sogar abhängig von Lust und Stimmung.

Krankheiten

Nierenkrankheiten (mit Fieber), Nierensteine, Hautleiden, Gehirnentzündungen.

3.7.8. Jupiter in Waage

Charakter

Sehr geselliger Typ mit Unterhaltungsgabe und beliebt durch das gerechtigkeitsliebende Wesen. Diesen Menschen wird fast immer Sympathie und Gastfreundschaft entgegengebracht. Es besteht eine Neigung zu den Künsten, öffentliche Positionen werden, meist erfolgreich, angestrebt. Bei ungünstigen Aspekten wirkt der Jupiter-Geborene jedoch selbstgefällig bis eitel, wobei er sich zuviel auf Andere verläßt.

Krankheiten

Nierenkrankheiten (Vereiterung, gehemmte Ausscheidung, daher Hautkrankheiten), Neigung zu Diabetes.

3.7.9. Saturn in Waage

Charakter

Der Wesenskern ist freundlicher als sonst unter Saturn-Einfluß und gerechtigkeitsliebender, dennoch ernste Lebensauffassung. Zuverlässig, pflichtbewußt, fleißig, treu. In den Liebesverbindungen entsteht häufig eine Ernüchterungstendenz, obgleich man nur schwer allein sein kann. Es wird zwar Harmonie erstrebt oder ersehnt, aber aus den Umweltverhältnissen kommen Widerstände und Schwierigkeiten. Diese Konstellation verlangt viel Diplomatie. Bei negativen Aspekten häufige Trennungen und Scheidungstendenzen, aufgrund geringer Anpassungsfähigkeit, teilweise sogar Gefühlskälte.

Krankheiten

Gestörte Harnausscheidung, Nierensteine.

3.7.10. Uranus in Waage

Charakter

Tendenz zu öffentlichen Positionen oder Streben zur Beeinflussung der Öffentlichkeit durch Rede und Schrift, entweder in Richtung Reformen oder Unruhestiftung. Die Wesensart ist freundlich bis charmant, mit großem Einfühlungsvermögen und wirkt daher auf die Umwelt ein. Künstlerische Interessen und Talente zur Malerei, Musik oder Bildhauerei. Phantasie und Vorstellungskraft sind sehr stark ausgeprägt. Ungeduldiges Wesen, das manchmal auf schauspielerische Fähigkeiten zurückgreift, um Andere für sich einzunehmen. Fast immer werden groß angelegte Ideen und Pläne geschmiedet. Durch Launen und plötzliche Stimmungsausbrüche können andere Menschen brüskiert werden.

Krankheiten

Nierenkrankheiten, Nierenkoliken, Hexenschuß.

3.7.11. Neptun in Waage

Charakter

Sehr geselliger Typ, der geradezu in der Gemeinschaft aufgeht; meistens bestehen hohe Ideale. Platonische Liebesbeziehungen, verfeinerte Empfindungen in der Liebe, Aufnahmebereitschaft. Bei negativer Stellung entsteht ein mangelhafter Realitätssinn, verbunden mit Haltlosigkeit, Enttäuschungen und Verwirrungen.

Krankheiten

Nierenfunktionsschwäche, Nierenwassersucht.

3.7.12. Pluto in Waage

Charakter

Es besteht eine außergewöhnliche Durchsetzungskraft gegenüber der Umwelt, der Familie und der Öffentlichkeit. Genialität, seltsame Berühmtheiten, die die Menschen beglücken oder schädigen können.

3.7.13. Mondknoten in Waage

Charakter

Öffentliche Veranstaltungen werden harmonisch gestaltet. Durch Gemeinschaftssinn und Geselligkeit leitet sich eine besondere Eignung zur Zusammenarbeit in Verbindung mit der Öffentlichkeit ab.

3.8. Skorpion

3.8.1. Aszendent im Skorpion

Körperbau

Vorwiegend untersetzte Gestalt, jedoch mit oft seltsam kontrastierender Betonung der knochen- und muskelbestimmten Formen. Der Rumpf ist groß und stark, die Gliederbildung zart und zurücktretend (sogenannte "Sitzriesen"). Markante Gesichtszüge; breite Stirn; betonte Jochbeine; tiefliegende, kaltforschende Augen, durchdringender Blick; dunkler, nicht gut durchbluteter Teint.

Charakter

Unter einer äußeren unerschütterlichen Ruhe macht sich ein zäher, zielbewußter, gelegentlich auch schroffer Wille geltend. Trotz Zurückhaltung und Vorsicht verfügen diese Menschen über eine rasche Entschlußkraft und sind bei der Arbeit eifrig und fleißig dabei; Handlungsbereitschaft, Leidenschaftlichkeit. Bei schlechter Aspektierung tritt eine Tendenz zur Gewalttätigkeit, Jähzorn und Fanatismus auf.

Krankheiten

Neigung zur Erkrankung der Nierenbecken-, Blasen- und Sexualregion; Zuckerkrankheit, sekundär eventuell Nasen-, Hals- und Rachenaffektionen.

3.8.2. MC im Skorpion

Charakter

Ohne Arbeit und Mühe zu scheuen, werden die eigenen Ziele verfolgt, ehrgeizig und ausdauernd, fleißig. Die Lage wird eigentlich immer richtig erfaßt, und es besteht die Fähigkeit, sich in Andere einfühlen zu können. Manchmal besteht eine Neigung, sich zu überfordern oder zu überschätzen.

3.8.3. Sonne im Skorpion

Charakter

Dies sind ausgesprochene Willensmenschen mit starkem Selbstbewußtsein (vertragen wenig Widerspruch) und Energie bis Zähigkeit in der Durchsetzung eigener Wünsche, Kampf um Erhaltung, Furchtlosigkeit. Die Leidenschaften sind stark ausgeprägt, manchmal sogar etwas übertrieben. Innerhalb der engeren Umwelt kommt es oft zu erheblichen Auseinandersetzungen. Bei sehr guten Aspekten große Zuverlässigkeit und Arbeitskraft, bei negativen Aspekten Jähzorn, Fanatismus und psychische Erregbarkeit. Keine Anlage zu Schmeichelei oder allzu großem Entgegenkommen, es kommt eher zu selbstverschuldeten Schwierigkeiten.

3.8.4. Mond im Skorpion

Charakter

Menschen mit dieser Konstellation besitzen oft eine kämpferische Einstellung, die stark von seelischen Regungen beeinflußt wird. Sie verfolgen ihre Ziele mit Zähigkeit und Ehrgeiz, manchmal aber auch mit einer Portion Selbstüberschätzung und rücksichtslos gegenüber Anderen. Durch allzu große Offenheit können sie als taktlos oder frech verstanden werden. Eifersuchtsszenen kommen öfter vor. Die Materie, die Sinnesgenüsse sowie die Triebhaftigkeit des Willens und der Wünsche haben großen Einfluß auf die Psyche. Selbstbehauptung und die Fähigkeit des Durchhaltens unter schwierigsten Umständen stärken die psychischen Kräfte, die manchmal zum Widerstand herausfordern. Impulsivität und seelische Erregbarkeit sowie Hartnäckigkeit gestalten die engeren Bindungen zur Umwelt nicht immer harmonisch. In einigen Fällen besteht eine Neigung zu Härte bzw. Unnachgiebigkeit. Die Selbstdisziplin ist bei guten Aspekten ausgeprägt.

Krankheiten

Harn- und Geschlechtsleiden, unregelmäßige Periode, ungesundes Blut.

3.8.5. Merkur im Skorpion

Charakter

Klarer Intellekt, befähigt für Erziehung und Diskussionen, wobei die Darstellungsweise immer das Wesentliche enthält. Der Gedankengang ist einfach und zielbewußt, wobei der eindringliche bis bohrende Intellekt allem auf den Grund geht, mit einer Zähigkeit auch bei schwierigen Problemen. Geistige und praktische Fähigkeiten ergänzen sich gut; es besteht Interesse für Mystik und Naturwissenschaft, Medizin und Technik. Die manchmal eigensinnigen, ich-betonten Ansichten tendieren zu Ironie oder Sarkasmus. Es besteht Neugier und ein zuweilen reizbarer Intellekt, der auf Angriffe scharf reagiert. Es wird keine Auseinandersetzung gescheut, da der kritische Intellekt kein Blatt vor den Mund nimmt.

Krankheiten

Unterleibserkrankungen, Nervenstörungen.

3.8.6. Venus im Skorpion

Charakter

Von diesen Personen geht meist eine starke Anziehungskraft aus, es bestehen intensive erotische, sexuelle Neigungen, Leidenschaftlichkeit. Oftmals schwanken die Gefühle zwischen den Extremen: Selbstbeherrschung und Zügellosigkeit. Wie bei allen fixierten Zeichen (Löwe, Stier, Skorpion) wird das geliebte Objekt mehr oder minder in Besitz genommen, so daß unter Umständen sehr große Eifersuchtsprobleme entstehen, da die eigene Person ausschließlich auf das geliebte Objekt konzentriert ist (Anhänglichkeit). Kinder neigen zu Frühreife und Neugier, später zeigen sich extreme Gefühlsbindungen. Negative Aspekte auf die Venus können übertriebene Sinnlichkeit auslösen. Kontakte in der Jugend sind bereits sehr bedeutsam.

Krankheiten

Unterleibs-, Geschlechtskrankheiten, Störungen der Periode, Hämorrhoiden, Krankheiten durch unmäßige Lebensführung.

3.8.7. Mars im Skorpion

Charakter

Starke, nachhaltige, dabei elastische Energie und Stoßkraft, die sich mit Diplomatie und einem kritischen Verstand verbindet. Ziele werden mit Festigkeit und Ausdauer festgehalten, und mit Fleiß verwirklicht; mechanische und manuelle Geschicklichkeit. Ausstrahlung einer starken Erotik, dabei besteht die Tendenz, sich auf ein Liebesobjekt zu kaprizieren, daher kommt es oft zu Eifersuchtsproblemen und Krisen. Hier werden auch Ehrverletzungen schwer vergessen und vergeben. Bei negativen Aspekten sind die Triebkräfte übersteigert, die Kraft wird bis zur Rücksichtslosigkeit entfaltet, Streitlust, Herrschsucht, Egoismus, Mangel an Selbstbeherrschung.

Krankheiten

Blinddarm- und Bauchfellentzündung. Unterleibsbeschwerden.

3.8.8. Jupiter im Skorpion

Charakter

Materialistische Einstellung; Interesse an juristischen Problemen und weltanschaulichen Fragen. Großer Ehrgeiz und Selbstbewußtsein zeichnet diese Menschen aus, manchmal auch Genußsucht. Neigung zur Skepsis und ausgesprochen praktische Fähigkeiten, die sich in Besitzstreben äußern, bisweilen rücksichtslos. Die ausgeprägte Empfindungsnatur zeigt manchmal leidenschaftliche Auswirkungen, Lebensfreude; bei negativen Aspekten Tendenz zu Selbstüberschätzung, Habgier und übersteigertem Triebleben.

Krankheiten

Geschwülste im Unterleib, Harnsäureüberschuß, Neigung zu Schlaganfällen, Nasenbluten, Wassersucht.

3.8.9. Saturn im Skorpion

Charakter

Der starke Wille ist deutlich geprägt von Strenge, Härte und Eigenwilligkeit. Die Mentalität sehr realistisch; Vertiefung in schwere Probleme, Beschäftigung mit Grenzgebieten des Wissens. Gefühle und Leidenschaften sind oft tiefgehend, werden jedoch nach außen hin kontrolliert. Der Wesenskern ist überaus hartnäckig, ausdauernd und auf den eigenen Zielen beharrend, welche mit Entschlossenheit verfolgt werden. Deshalb ist oft nur eine geringe Anpassungsfähigkeit vorhanden. Bei negativer Stellung besteht eine Tendenz zu Minderwertigkeitskomplexen, zu Härte und Grausamkeit.

Krankheiten

Unterleibserkrankungen, Störungen der Periode, schwere Geburten, Hämorrhoiden. Neigung zu Melancholie.

3.8.10. Uranus im Skorpion

Charakter

Außerordentliche Energie und ein manchmal fanatisches Durchsetzungsvermögen in schwierigen Situationen; Ideen können spontan realisiert werden. Der Wesenskern zeigt Zivilcourage und fürchtet Kämpfe nicht, man fühlt sich jeder Lage gewachsen, Drang nach Unabhängigkeit. Ausgeprägt sind eine starke Suggestionskraft, Kombinationsgabe, Reaktionsfähigkeit und Scharfsinn. Die eigene Unnachgiebigkeit kann in engen Verbindungen zu Auseinandersetzungen führen, die ohne Rücksicht auf Verluste verfolgt werden. Durch Rücksichtslosigkeit können Andere in Gefahr gebracht werden

Krankheiten

Neigung zu Verletzungen (Operationen) und Unterleibskrebs; Blasenkolik.

3.8.11. Neptun in Skorpion

Charakter

Oftmals leiten die Empfindungen das Handeln, Situationen werden instinktiv erfaßt. Es besteht eine sehr feine Sinneswahrnehmung, die bis zu medialen Anlagen reicht. Interesse für parapsychische Gebiete. Bei negativer Aspektierung zeigt sich eine Tendenz zu Verwirrung, Selbsttäuschung und Launenhaftigkeit.

Krankheiten

Unterleibsschwäche; Besessenheit; Depressionen, psychische Leiden.

3.8.12. Pluto in Skorpion

Charakter

Diese Menschen haben oft suggestive Kräfte, mit denen sie Andere beeinflussen können. Es besteht die Fähigkeit Höchstleistungen mittels Zähigkeit und Ausdauer zu vollbringen. In negativen Fällen besteht die Neigung zu Fanatismus und eine Tendenz zu tragischen Ereignissen.

3.8.13. Mondknoten in Skorpion

Charakter

Zusammenarbeit wird gesucht im Sinne von Kampfgemeinschaften, gemeinsame Ziele werden (rastlos) verfolgt, nicht selten mittels Einsatz von Gewalt. Bei ungünstiger

Stellung kann diese Konstellation auf zersetzende Kräfte in der Zusammenarbeit hindeuten.

3.9. Schütze

3.9.1. Aszendent in Schütze

Körperbau

Athletische Konstitution, zumal in der 1. Hälfte des Zeichens, im übrigen Teil jedoch sehr empfänglich für untersetzte Einschläge durch andere Planetendispositionen. Ausgesprochene Sporttypen, auch bei gedrungenem Körper große körperliche Beweglichkeit und Bewegungsfreude. Gute, würdige, freie Körperhaltung. In der Regel wenig Profil, wenig Hinterkopf; sehr hohe, breite Stirn, obwohl der Intellekt nicht immer ähnlich entwickelt sein muß. In den Anfangsgraden oft mächtige Augenwulste.

Charakter

Sozial oder religiös eingestellte Mentalität mit hochgesteckten Zielen. Geselligkeitsliebend, Geltungsdrang. Sehr lebhaftes und abenteuerlustiges Wesen, schnell begeisterungsfähig aber auch abhängig von den Stimmungen, manchmal sentimental.

Krankheiten

Krankheitsanfälligkeit bei den Luftwegen, Nervensystem, Hüft- und Schenkelaffektionen, Gehörleiden.

3.9.2. MC in Schütze

Charakter

Es wird nach materieller Absicherung und Ansehen gestrebt, aber auch nach Erweiterung des Gedankenkreises; Verinnerlichung. Manchmal besteht starker Geltungsdrang und eine konservative Einstellung; eventuell Unbeständigkeit.

3.9.3. Sonne in Schütze

Charakter

Im Wesenskern liegen Freimut, Offenheit und Impulsivität in den Gefühlen. Es besteht ein Hang zu Übertreibungen. Liebe zum Sport und Freude am Reisen. Beweglicher Typ, der nicht sitzen kann. Begeisterungsfähig, gesellschaftsliebend, die Stimmungen sind allerdings oft veränderlich, manchmal Zwiespalt. Die Projekte sind großartig und die Pläne weitreichend; Idealismus. Streben nach gesicherter Lebensstellung, Großzügigkeit.

3.9.4. Mond in Schütze

Charakter

Optimismus, erhöhte Wunschkraft, Offenheit und Freimut gehören zu den hervorragenden Eigenschaften. Es bestehen starke Erregungsmotive in der psychischen Haltung, die zuweilen in den engeren Bindungen zu Aufregungen führt und manchmal auch zum Abbruch von Kontakten. Im Allgemeinen tatfreudig und impulsiv, psychisch jedoch etwas ruhe- bis rastlos. Verlangen nach Veränderungen und Reisen mit dem Drang nach neuen Aufregungen. Diese Tendenz bringt manche Umstellung und Unruhe in das Schicksal. Große Redebegabung und Drang zu Geselligkeit und Aussprachen. Fast immer ist eine Liebe zum Sport vorhanden. Künstlerische und philosophische Interessen, Streben nach Erkenntnis, idealistische Leitgedanken.

Krankheiten

Hüftleiden, Nervenleiden, Bluterkrankungen.

3.9.5. Merkur in Schütze

Charakter

Beweglich-kühler Intellekt, der in letzter Konsequenz doch mehr von den Ideen, nicht aber so sehr von der

Erfahrung ausgeht, schwierigen Aufgaben wird lieber aus dem Weg gegangen. Der vielseitig interessierte Intellekt reagiert mit geistiger Beweglichkeit bis zur Ruhelosigkeit und Zwiespältigkeit bei Entscheidungen. Es werden Kompromißlösungen bevorzugt und Ansichten zuweilen schnell gewechselt. Bei dieser Konstellation kommen häufig gewandte Ausdrucksweise und schriftstellerische Begabung vor. Die Reiselust und das Verlangen nach neuen Anregungen ist groß. Es bestehen vielseitige Interessen, tiefes Nachdenken an sozialen, religiösen oder philosophischen Fragen. Die Gedanken verlangen nach Freiheit.

Krankheiten

Hüfterkrankungen, Ischias, Nervenstörungen.

3.9.6. Venus in Schütze

Charakter

Lebhafter Gefühlsimpuls, der jedoch bei Verletzung oder schlechter Stellung zur Introversion neigt und im Erotischen und Sexuellen scheinbar eine gewisse Bereitschaft für Abweichungen von der normalen Gefühlslage enthält. Die innerste Veranlagung ist freiheitlich und will ungebunden sein, weshalb feste Verbindungen lange Zeit vermieden werden. Schnelle, vorübergehende Freundschaften und mehrere Verbindungen gleichzeitig werden bevorzugt. Oft ergeben sich Reisebekanntschaften bedeutsamer Art. In der Ehe benötigt diese Konstellation eine gewisse persönliche Freiheit, da sich sonst rasch Dissonanzen oder gar Trennungen ergeben. Allerdings wird von dem/der Partner/in Verläßlichkeit verlangt. Interessenvielfalt, Sinn für Schönheit und Kunst (besonders Musik).

Krankheiten

Geschwüre an Hüften und Oberschenkeln, Schwellungen, Rheuma.

3.9.7. Mars in Schütze

Charakter

Die temperamentvoll-gelöste, leidenschaftliche, aber nicht immer sehr nachhaltige Energie ist von großer Elastizität und viel spontaner Stoßkraft. Es besteht eine große Begeisterungsfähigkeit für ein Ziel und zeitweilig sind enorme Antriebskräfte vorhanden. Zuweilen besteht ein lautes und impulsives Verhalten. Die Psyche ist ruhelos und verlangt stets nach Tätigkeit; Redegewandtheit. Starke Sportbegeisterung samt großem Einsatzwillen bis hin zu Übertreibungen. Bei negativen Aspekten besteht eine Neigung zu Voreiligkeit Mangel an Disziplin und Extravaganzen.

Krankheiten

Hüftverletzungen, Entzündungen an Hüften und Oberschenkeln. Gefahr für Verletzungen an Händen oder Füßen, Sehnenzerrungen oder Knochenbrüche.

3.9.8. Jupiter in Schütze

Charakter

Dies ist ein ausgezeichneter Aspekt, der Gerechtigkeitsempfinden, Edelmut und intellektuelle Fähigkeiten entwikkelt. Die Liebe zum Sport, zu wissenschaftlichen und philosophischen Studien, insbesondere auch zur Rechtswissenschaft, wird gefördert. Sagittarius verstärkt die Tendenz des Jupiters zu Optimismus und zu einer freiheitsliebenden Lebensauffassung, religiöse Bestrebungen. In ungünstigen Aspekten kann ein Auftrumpfen bis zur Prahlerei und Verschwendung auftauchen, Spekulation.

Krankheiten

Schlechtes Blut, Rheuma, Gicht; (sekundär: Lungenkrankheiten).

3.9.9. Saturn in Schütze

Charakter

Willensstärke, Askese. Fast immer ist philosophisches Interesse und ein Verlangen nach Erweiterung des Horizonts vorhanden. Die Lebensführung verlangt nach Unabhängigkeit und Freiheit. Es bestehen sehr häufig Neigungen zu religiösen oder juristischen Studien oder zu Positionen bei Staat oder Behörden. Bei ungünstigen Aspekten besteht eine Tendenz zu Zweifeln (aus mangelnder Erkenntnis), Pessimismus; es kann zu Trennungen kommen.

Krankheiten

Stauungen, Verhärtungen, Gicht, Harnsäureablagerungen.

3.9.10. Uranus in Schütze

Charakter

Gefühl der Freiheit und Unabhängigkeitslust. Dies äußert sich durch Abneigung gegen jegliche Art von äußeren Zwängen (auch gegenüber Respektpersonen und insbesondere gegen Vorschriften, Gesetze oder gängige Weltanschauungen bzw. Dogmen). Die Intuition ist stark ausgeprägt. Innerlich herrscht eine Unruhe und Rastlosigkeit, verbunden mit einer großen Liebe zu Reisen und Ortswechseln. In Berufspositionen gibt es wenig echte Stabilität, es sei denn, daß die innere Freiheit unangetastet bleibt. Es besteht ein Interesse an philosophischen oder psychologischen Problemen. Die Liebesverhältnisse wechseln häufig. Bei negativen Aspekten auf den Uranus führt dies zu nervösen Spannungen.

Krankheiten

Hüftkrankheiten und -verletzungen. Sportunfälle.

3.9.11. Neptun in Schütze

Charakter

Großes Ahnungsvermögen ist vorhanden, Inspiration, Medialität; metaphysische und religiöse Interessen, Streben nach höherer Erkenntnis. Bei guter Aspektierung ist der Geist rege und es wird viel nachgedacht, im ungünstigen Fall besteht die Gefahr den Boden unter den Füßen zu verlieren, durch eine übersteigerte Phantasie, durch Kritiklosigkeit entsteht Selbsttäuschung.

Krankheiten

Nervenleiden, Wahnsinn.

3.9.12. Pluto in Schütze

Charakter

Es besteht ein starker Erkenntnisdrang, teilweise wird auf geistigem oder religiösem Gebiet Pionierarbeit geleistet. Manchmal sind die Ziele so hoch gesteckt, daß sie unerreichbar erscheinen. Es besteht ein Drang nach ständig neuen Erfahrungen, große Lust am Reisen.

3.9.13. Mondknoten in Schütze

Charakter

Seelisch-geistige Verbindungen werden gesucht. Zusammenarbeit findet statt bei juristischen oder weltanschaulichen Angelegenheiten. Bei negativen Aspekten werden zu hochgesteckte Pläne in Bezug auf Zusammenarbeit verfolgt.

3.10. Steinbock

3.10.1. Aszendent im Steinbock

Körperbau

Untersetzte Gestalt mit festen, selten anmutigen, eher eckigen Kopfformen; oft etwas asymmetrische Gesichtsbildung (häufig schiefer Nasenansatz); breite, nicht sehr hohe Stirn; gerader Haaransatz; oft spitzes Kinn; faltiges Gesicht; ernster, gelegentlich melancholischer Ausdruck; etwas steife aber meist gerade Haltung.

Charakter

Melancholisch-erdgebundene, verschlossene Mentalität, die gegen seelischen Druck starke Energiemengen einsetzt. Sehr energiereiches, zähes und ehrgeiziges Temperament mit einer Tendenz zur Eigenwilligkeit, oft streitbares Verhalten und Hemmungen, Sprachprobleme können auftreten.

Krankheiten

Verdauungs- und Stoffwechselkrankheiten; Rheuma und Gicht bei oft empfindsamer Knieregion; Hautaffektionen, besonders in der Jugend.

3.10.2. MC im Steinbock

Charakter

Ziele werden konzentriert und selbstsicher verfolgt. Dabei setzt sich die eigene Persönlichkeit vielleicht etwas langsam, aber sicher durch. Fleiß, Ausdauer, Häuslichkeit, Wirklichkeitssinn, Einfachheit. Diese Menschen konzentrieren sich viel auf sich selbst und können dadurch vereinsamen oder als Eigenbrötler gelten.

3.10.3. Sonne im Steinbock

Charakter

Introvertierte, von der Idee in die Verwirklichung strebende Mentalität, Arbeitsmenschen, Wirklichkeitssinn. Starkes Pflichtgefühl, auch bei rastlosen Einsätzen, Lebensernst. Aufstiegsstreben, auch wenn unermüdliche Arbeit erforderlich ist wird mit Zähigkeit und Fleiß vorgegangen. Berufsinteressen stehen im Vordergrund. Der große Ehrgeiz hält Schwierigkeiten und Widerstände auch über lange Zeit aus. Im psychischen Bereich wenig zugänglich, weshalb auch nicht gerne Gefühle gezeigt werden, Konzentration auf sich selbst. Zuweilen tauchen Neigungen zur Absonderung und Distanzierung auf. Die Fähigkeit, ein Unternehmen auch aus kleinsten Anfängen aufzubauen sollte genutzt werden. Infolge des schnell verletzbaren Stolzes sollten Eifersuchtstendenzen vermieden werden.

3.10.4. Mond im Steinbock

Charakter

Seelische Hemmungen und Depressionen hemmen die Glücks- und Freudefähigkeit, wenn sie auch die Aktionskraft nicht behindern. Konzentriertes, zur Selbstdisziplin neigendes Wesen, das die Empfindungen weitgehend unterdrückt. Erhöhter Ehrgeiz, Ausdauer, Pflichtgefühl, Selbstbehauptung; sparsam und wirtschaftlich denkend, wobei sich der innere Ehrgeiz samt dem Streben nach einer beachtlichen Position günstig auf alle Konstellationen im Horoskop auswirkt. Die Selbstbezogenheit und Konzentration auf das eigene Ich wird von der Umwelt oder den Partnern oft als distanzierend empfunden.

Krankheiten

Störanfällige Knie, Mangel an Gelenkschmiere, Gelenkrheuma, Hautkrankheiten, Säureüberschuß, Verdauungsprobleme, Magenleiden.

3.10.5. Merkur im Steinbock

Charakter

Zurückhaltendes Wesen, sparsam bis geizig, realitätsbewußt, ernste Lebensauffassung. Kritisch-klarer, logisch verfahrender und zielbewußter Intellekt, der mit einfachen, übersichtlichen Mitteln arbeitet. Die mathematisch-physikalische Begabung kommt dem kühlen, abwägenden Intellekt mit großer Konzentrationsfähigkeit zugute. Es besteht Interesse für die Wissenschaften, sehr gutes Gedächtnis. Die geistige Arbeitskraft ist sehr groß und schwierige Probleme können bewältigt werden, der Ehrgeiz ist oft die Triebfeder des Handelns. Gutes Organisationstalent, die Argumentationen sind, bedingt durch den praktischen, nüchternen und disziplinierten Intellekt, gut durchdacht.

Krankheiten

Nervöses Magenleiden, Hautjucken, Gicht, Rheuma in den Knien. Neigung zu Depressionen.

3.10.6. Venus im Steinbock

Charakter

Gefühlsverhaltung, Triebbeherrschung und oft Gefühlskälte; kühl und reserviert, aber beim richtigen Partner entsteht Treue, Verläßlichkeit und Beständigkeit. Es besteht ein Hang zu reiferen Partnern. Die Gefühlsäußerungen sind nicht übermäßig lebhaft, man spricht auch nicht gerne über eigene Probleme. Häufig ergibt sich aber eine sehr gute Kameradschaft und finanzieller Aufstieg über die Heirat. Einmal erwachtes Mißtrauen hält lange an, und man kann schwer vergessen. Hinsichtlich der Ehe besteht eine überlegte, sachliche und vorsichtige Einstellung. Pflichtkomplexe beeinträchtigen die Gefühle. Es kann zu Hemmungen in der Erotik kommen oder zu Enttäuschungen und Trennungen wenn die Selbstbeherrschung die Gefühle unterdrückt.

Krankheiten Gelenkrheuma, Hautkrankheiten, Magenstörungen (durch falsche Ernährung).

3.10.7. Mars im Steinbock

Charakter Ungemein stoßkräftige, zähe und geduldige Energie von beträchtlicher Spannung, aber oft auch von mangelnder Elastizität. Das Saturn-Zeichen dämpft die Triebhaftigkeit des Mars mit dem Ergebnis größerer Zurückhaltung. Das starke Selbstbewußtsein ist schnell gekränkt und kann dann schwer vergessen. Die Ziele werden mit großen Durchhaltevermögen angestrebt und der soziale Aufstieg gelingt so gut wie immer. Der Wesenskern verlangt nach äußerer Anerkennung und ist sehr geltungsbedürftig. Alle Handlungen werden mit Überlegung durchgeführt und hinsichtlich der engeren Umwelt wird Autorität oder Leitung angestrebt.

Krankheiten Knieverletzungen, Kniegelenkentzündungen, Rheuma, Hautkrankheiten.

3.10.8. Jupiter im Steinbock

Charakter Außerordentlicher Ehrgeiz oder Aufstiegswille, jedoch fast immer eine diplomatische Veranlagung. In dieser Konstellation Geborene bekleiden in der Regel Positionen in Wirtschaft und Industrie. Sie erringen Erfolge jedoch nur durch gewissenhafte Arbeit und harte Einsätze; Verantwortungsbewußtsein, Vertrauenswürdigkeit, Pflichteifer. Der Wesenskern ist etwas konventionell veranlagt, so daß erheblicher Wert auf äußere Umgangsformen (auch Titel und dergleichen) gelegt wird. Sehr sparsam und wirtschaftliches Denken. Bei negativen Aspekten besteht eine Tendenz zu Egoismus und Scheinheiligkeit.

Hautkrankheiten, Gelbsucht, Übergewicht. *Krankheiten*

3.10.9. Saturn im Steinbock

Charakter

Egozentrisches Wesen mit ausgesprochen materiellen Interessen und Absicherungsbestrebungen. Der Ehrgeiz ist die treibende Kraft. Durch die fast immer geübte Selbstdisziplin überwiegen die beruflichen Ambitionen den Gefühlsäußerungen. Alle Widerstände werden mit größter Zähigkeit und Ausdauer besiegt. Die einengende Tendenz des Saturn in seinem eigenen Zeichen kann übertriebene Sparsamkeit oder sogar Geiz auslösen. Hierdurch können sich Probleme mit Haus oder Grundstück ergeben. Die sehr guten Aspekte äußern sich in Zurückhaltung, Konzentration und Diplomatie.

Krankheiten

Schwache Knie, Gelenkrheuma, Knochenverletzungen; (sekundär: Gelbsucht, Gallensteine, Magenleiden).

3.10.10. Uranus im Steinbock

Charakter

Menschen mit dieser Konstellation haben die Gabe, sich sehr stark auf ein Ziel konzentrieren zu können, was in Fanatismus ausarten kann. Sie sind ehrgeizig und wollen einen sozialen Aufstieg erreichen. Der Wesenskern ist etwas einseitig und manchmal voller Widerspruchsgeist, wodurch es zuweilen zu Differenzen mit Respektpersonen kommt. Die ausgezeichnete Organisationsgabe befähigt diese Menschen, ein Unternehmen aus dem Nichts aufzubauen. In dieser Konstellation Geborene haben fast immer Führungsqualitäten. Sie sind jedoch sehr empfindlich gegen Ich- oder Stolzverletzungen. Bei Eingriffen in die eigenen Persönlichkeitsrechte kommt es daher zur Auflehnung.

Krankheiten Knieverletzungen.

3.10.11 Neptun im Steinbock

Charakter Interesse am Übersinnlichen, an Religion und Parapsychologie; tiefgründiges Forschen; Meditation. Bei ungünstiger Stellung tritt ein Mangel an Wirklichkeitssinn auf.

Krankheiten Haut- und Knochenleiden, schwache Knie.

3.10.12. Pluto im Steinbock

Charakter Neue Ideen, Pläne und Erfindungen werden erfolgreich realisiert. Manchmal findet ein unermüdlicher Kampf um Anerkennung, Macht und Selbständigkeit statt. Gelegentlich werden gefährliche Positionen übernommen.

3.10.13. Mondknoten im Steinbock

Charakter Verbindungen mit klarer Ziel- und Zweckdefinition werden angestrebt. Entwickeltes Verantwortungsbewußtsein Anderen gegenüber. Im negativen Fall gibt es eine Tendenz zu Strebertum und Egoismus innerhalb der Gemeinschaft.

3.11. Wassermann

3.11.1. Aszendent im Wassermann

Körperbau

Schlanker Körperbau, wenn auch gedrungene Nebeneinschläge nicht selten sind. Große Gestalten, die dann aber schlaffe Haltung zeigen. Körper- und Schädelformen sind gerundet oder oval; der Teint ist meist hell und durchsichtig, vom Hals ab leicht errötend; die Augen sind groß, lebhaft und weich blickend. Ähnlichkeiten mit dem Löwe-Typus, der freilich viel kraftvoller wirkt.

Charakter

Lebhaft-heiter getönte Temperamentsanlage mit großer Beweglichkeit und Elastizität. Der Geist produziert ständig neue Ideen (viel im Bereich von Reformen), die Interessen sind vielseitig. Menschenkenntnis und Anpassungsfähigkeit sind vorhanden. Bei negativer Aspektierung schwanken die Stimmungen und damit die Ziele, es wird keine Ausdauer mehr aufgebracht.

Krankheiten

Neigung zu Erkrankungen der Lunge und des Blutkreislaufes, leichte Magenstörungen infolge von Störungen im Säurehaushalt. Schwäche oder Leiden der Augen, Nierenerkrankungen.

3.11.2. MC im Wassermann

Charakter

Diese Menschen arbeiten viel mit anderen zusammen, wobei sie gerne selbst die Führung übernehmen. Sie sind bestrebt, Neuerungen einzuführen, und es besteht die Fähigkeit, die besten Möglichkeiten zu erfassen; allerdings ist die Arbeitskraft sehr wechselhaft. Manchmal besteht eine

Neigung, durch allzu ausführliches Planen die Durchführung zu vernachlässigen.

3.11.3. Sonne im Wassermann

Charakter

Introvertierte, dem Pragmatismus und Utilitarismus sehr nahe kommende Mentalität intuitiven Charakters. Häufig Bestrebungen unter der Idee der menschlichen Brüderschaft. Große Gerechtigkeitsliebe, humane Veranlagung, gute Beobachtungsgabe, wandlungsfähig. Sehr intuitiv und beharrlich in den Zielen. Der Wesenskern ist entgegenkommend, zeigt sehr viel Witz. Neigung zu den Künsten. Technische Begabung. Wechselnde Interessengebiete und Freundschaften. In manchen Fällen besteht eine etwas autoritäre Anlage, aber im Allgemeinen wird sich gegen jegliche Bevormundung aufgelehnt. Bei negativen Aspekten leicht eigensinnig.

3.11.4. Mond im Wassermann

Charakter

Takt, Höflichkeit, innere Anteilnahme, Einfühlungsvermögen. Die freundliche Schauseite samt dem entgegenkommenden, liebenswürdigen Benehmen schafft schnelle Kontakte, die aber nicht immer konstant bleiben, sondern dem Wechsel unterliegen. Es besteht große Aufgeschlossenheit für Neues, innere Kontaktfähigkeit, so daß diese Mondposition vielseitigste Freundschaften, gesellschaftliche Beziehungen und manchmal spontane Liebesbindungen auslöst. Trotz dieser äußeren Aufgeschlossenheit ergibt sich im seelischen Bereich ein Verlangen nach Unabhängigkeit und Freiheit, das keine Einengung der Persönlichkeit verträgt.

Krankheiten

Herzleiden, Venenentzündung, Beingeschwüre, Wassersucht. Hysterie, Ohnmachtsanfälle.

3.11.5. Merkur im Wassermann

Charakter

Beweglicher, rasch auffassender, oft intuitiv verfeinerter Intellekt, psychologisches Talent und intuitive Menschenkenntnis. Fortschrittliches, schöpferisches Denken; Idealismus. Starke Anlage zur Intuition und häufig psychologische Interessen. Begeisterungsfähig, erfinderisch und originell, aber häufig Stellungswechsel und unvorhergesehene Änderungen in den Ansichten oder Meinungen. Interesse für geistige oder philosophische Probleme. Nach außen hin freundlich und entgegenkommend. Viele Freundschaften und plötzliche bis impulsive Kontakte, Reiseliebe. Fast immer wissenschaftliche Interessen. Viele Freundschaften, die sich über gemeinsame geistige Interessen ergeben. Im negativen Fall scheitern die Ideen an der Durchführbarkeit, Eigenbrödelei.

Krankheiten

Kreislaufstörungen, schlechtes Blut, Wadenkrämpfe, Herz- und Nervenerkrankungen.

3.11.6. Venus im Wassermann

Charakter

Heitere Gefühlsanlage von großer, aber nicht immer sehr tiefer und nachhaltiger Lebhaftigkeit und Leidenschaftlichkeit. Häufig zeigen sich hier romantische Liebesangelegenheiten, die außerhalb der konventionellen Ansichten liegen. Die Venus wirkt in diesem Zeichen freundlich und entgegenkommend, aber jeglichen Zwang ablehnend. Auch in den Freundschaften wird völlige Freiheit verlangt. Trotzdem ist man bereit, für Andere einzutreten. Kontaktfreudigkeit, plötzliche neue Bekanntschaften. Die Haupttendenz von Aquarius sind unverbindliche Freund- und Kameradschaften. Manchmal eigenwillige Ansichten und Pläne.

Krankheiten Herzkrankheiten, Kreislaufstörungen, Krampfadern, Nervosität.

3.11.7. Mars im Wassermann

Charakter Lebhaft-heiterer Energietypus von meist geringer Schärfe, aber großer Elastizität. Der Mars zeigt hier technische oder wissenschaftliche Begabung, konstruktive Fähigkeiten und Ideenvielfalt. Gleichzeitig kann die Mars-Tendenz impulsiv sein, zeigt aber Festigkeit in den Entschlüssen. Es besteht ein sehr starkes Verlangen nach persönlicher Freiheit, so daß Einengung oder Abhängigkeit von der Umwelt zu plötzlichen Umbrüchen führen können, Weltverbesserungsideen. Tendenz zur technischen Berufsgattung. Bei negativen Aspekten kann es zu plötzlichen Zieländerungen kommen, zu Mangel an Ausdauer und Überlegung oder zu Oberflächlichkeit.

Krankheiten Kreislaufstörungen, Hautausschläge, Beinverletzungen.

3.11.8. Jupiter im Wassermann

Charakter Es bestehen fast immer wissenschaftliche Interessen. Freiheitsliebe und geistige Originalität sind herausragende Eigenschaften. Der Wesenskern ist unparteiisch und tolerant, verlangt jedoch nach geistiger Unabhängigkeit. Soziale Interessen, Menschenkenntnis, Kameradschaftlichkeit und Sinn für Gerechtigkeit. Rasche Reaktion auf Sympathie und Antipathie, doch im allgemeinen sehr beliebt. Bei ungünstigen Aspekten auf den Jupiter kann sich Intoleranz oder Unentschlossenheit ausbilden.

Krankheiten Schwellungen an den Unterschenkeln, verdicktes Blut, Herzkrankheiten, Neigung zu Schlaganfällen.

3.11.9. Saturn im Wassermann

Charakter

Philosophische oder psychologische Interessen mit einer Vorliebe für Studien. Pläne werden in die Realität umgesetzt, wenn nötig mit Ausdauer und Zähigkeit. In den jeweiligen Bindungen sehr anhänglich, andererseits jedoch Tendenz zur Unabhängigkeit, so daß die Verhältnisse in der Liebe und Ehe sich zumeist problematisch darstellen, während freundschaftliche Beziehungen, die nicht auf einer starken Bindungen aufgebaut sind, stabil bleiben. Überspannte Erwartungen können zu Enttäuschungen führen.

Krankheiten

Kreislaufstörungen, Herzschwäche, schwache Unterschenkel und Fußgelenke, Erkältungskrankheiten.

3.11.10. Uranus im Wassermann

Charakter

Gesunder Menschenverstand und starke Intuition. Es wird mehr aus dem Gefühl als aus dem Intellekt gehandelt, daher geistige Originalität und häufig eine Vorliebe für Ironie oder Satire. Neben wissenschaftlicher Begabung auch Interesse für die Künste (Tanz, Rhythmik). Fast immer eine Spezialbegabung. Viele Freundschaftskontakte, die oft impulsiv vor sich gehen. Schnelle Auffassung fremder Materie, Erfindergeist. Starke Anlage zu Humanität und soziale Bestrebungen, Gemeinschaftsarbeit. Große Reiselust. Bei negativen Aspekten Neigung zu Rebellion, Übertreibung und Überanstrengung.

Krankheiten

Wadenkrämpfe, Beinverletzungen, Nervenkrankheiten.

3.11.11. Neptun im Wassermann

Charakter

Oft geht von diesen Menschen eine geheimnisvolle Anziehungskraft aus, diese Menschen suchen nach seelischen Verbindungen und verfolgen edle Ziele (Idealismus). Sie sind leicht beeinflußbar und es könnte ein Hang zu Genußgiften auftreten.

Krankheiten

Nervöse Störungen, geistige Verwirrung, Manie.

3.11.12. Pluto im Wassermann

Charakter

Es besteht ein starker Gemeinschaftssinn, oft erreichen diese Personen Popularität (durch die Hilfe Anderer). Planreichtum, Drang zu Reformen. Im ungünstigen Fall sind die Pläne und Hoffnungen etwas zu hoch gesteckt.

3.11.13. Mondknoten im Wassermann

Charakter

Es besteht eine Liebe zur Geselligkeit. Freundschaftliche Verbindungen werden angestrebt zwecks Anregung, als Interessengemeinschaft oder um reformerische Ziele durchzusetzen.

3.12. Fische

3.12.1. Aszendent in Fische

Untersetzte Konstitution von geringer Körperkraft und hoher Sensibilität, doch kommen Abweichungen von der Regel häufig vor. Die Stirn ist oft breit und wohlgeformt und das relativ weit vorstehende Auge ist eher klein und glänzt in einem träumerischen Schein. Das Gewebe neigt zur Grübchenbildung. Die Kopfbehaarung ist pelzkappenartig und seitlich welt vorgerückt. *Körperbau*

Passives Temperament mit sensibler-ruhiger, träumerischer Prägung, zurückhaltend bis ängstlich-gehemmt. Gefühlsreichtum. Neigung zu Depressionen und Einsamkeit. *Charakter*

Neigung zu Erkältungen, Lungen- und Nervenleiden, Magen- und Darmbeschwerden, empfindliche Füße. Bei schlechtem gesundheitlichem Zustand leidet auch die Herzfunktion. Infektionsbereitschaft, Süchtigkeit. *Krankheiten*

3.12.2. MC in Fische

Die Persönlichkeit zeichnet sich durch eine abwartende Haltung aus, strebt nach Einfachheit und Mühelosigkeit und liebt ein genußvolles Leben. Es besteht eine Tendenz zum Rückzug, um sich mit philosophischen Problemen zu beschäftigen. Diese Menschen lassen sich sehr leicht beeinflussen, meist begründet durch eine innere Haltlosigkeit. *Charakter*

3.12.3. Sonne in Fische

Charakter

Starker Sinn für Inspiration. Die Psyche ist leicht beeindruckbar, aufnahmefähig und neigt gelegentlich zu Depressionen, Launen und wechselnden Stimmungen. Diese Menschen sind hilfsbereit und zuweilen aufopfernd, aber dennoch verschlossen und zurückhaltend. Im Allgemeinen besteht eine Neigung zu Nachlässigkeit und Bequemlichkeit. Es ist eine Organisationsbegabung vorhanden und Interesse an philosophischen und weltanschaulichen Problemen. Schwierigkeiten können entstehen durch eine negative Einstellung oder durch Hemmungen.

3.12.4. Mond in Fische

Charakter

Empfindliche und gefühlvolle Haltung. Die gutmütige, psychisch anfällige und äußerst sensible Verfassung wirkt eher etwas passiv, zurückhaltend und überempfindlich. Das Verlangen nach Lebensgenuß und einer gewissen Beschaulichkeit ist stärker als der Tatendrang. Es besteht fast immer eine gesteigerte Phantasie, ein intensives Wunschleben und ein beeinflußbares Gemüt. Entschlußunfähigkeit, seelischer Zwiespalt und Ängstlichkeit vor der Zukunft sind manchmal die Folge. Die psychischen Reaktionen hängen außerordentlich stark von der engeren Umwelt ab, wobei Streitigkeiten und Konfliktsituationen innerlich abgelehnt werden. Dies führt zuweilen jedoch zu Neurosen und Psychosen; manchmal besteht eine mediale Veranlagung.

Krankheiten

Fußleiden (Schwellungen), Erkältungskrankheiten, Darmstörungen, Verlangen nach Narkotika, Genußgifte.

3.12.5. Merkur in Fische

Charakter

Der meist vielseitige Intellekt wird stark von der Einfühlung und Phantasie gesteuert; die fließend flutende Gedankenbildung ist daher nicht immer sehr klar. Diese Menschen sind sehr schnell beeindruckbar und haben eine Veranlagung zum Grübeln, bei negativen Aspekten auch zu Depressionen. Innerhalb der Umwelt sind sie freundlich, entgegenkommend und hilfsbereit. Sie haben starke intuitive Eingebungen und ihnen entgegengebrachte Sympathien oder Antipathien werden auf Anhieb verspürt. Die erhöhte Phantasie führt manchmal zur Tagträumerei. Die Stimmung ist anfällig und schwankt oft.

Krankheiten

Fußkrankheiten (empfindliche Fußnerven), Gicht, mangelhafte Vitalität, Müdigkeit, Darmstörungen.

3.12.6. Venus in Fische

Charakter

Die Gefühle sind weich und schwärmerisch, die Leidenschaften erotischer und sexueller Natur, Sehnsucht nach Liebe, Abhängigkeit vom Gefühlsleben, Beeinflußbarkeit. Für Hilfsbedürftige und sozial Schwache wird so gut wie immer sehr starke Sympathie gezeigt, so daß man von einer gewissen Opferfähigkeit reden kann. Bei negativen Aspekten auf die Venus gibt es viele Enttäuschungen und Ernüchterungen, viele Abschiede oder sonstige Trennungen. Es entsteht dann eine Neigung launisch und depressiv zu werden. Die hilfsbereite Art wird von Anderen häufig ausgenützt. Neigung zu Sentimentalität, phantasiereiche und sorglose Veranlagung.

Krankheiten

Fußkrankheiten (Frostbeulen, Gicht), Erkältungen, Verdauungsstörungen (zuviel Essen und Trinken).

3.12.7. Mars in Fische

Charakter

Die auf- und abwallende Energie wirkt zeitweilig wie Passivität und Gleichgültigkeit, springt dann jedoch wieder mit großer Kraft auf. Die Willensimpulse sind unausgeglichen, abwartend, wobei plötzliche Einsätze mit nachfolgender Passivität abwechseln. Die Gefühlsleidenschaft ist groß und speziell im weiblichen Horoskop deutet dies auf eine große Hingabefähigkeit hin, teilweise auch Unzuverlässigkeit. Aufgrund eines rasch beeindruckbaren Gemüts kommt es schnell zur psychischen Unruhe. Bei negativen Aspekten lassen sich die Gefühle schwer beherrschen, und es fehlt an einer Zielrichtung des Willens. Interesse für Grenzwissenschaften.

Krankheiten

Neigung zu Bronchien- und Lungenaffektionen. Fußkrankheiten (Schweißfüße, Frostbeulen), Hühneraugen, Fußverletzungen, Darmkrankheiten.

3.12.8. Jupiter in Fische

Charakter

Sympathisches, freundliches Wesen mit Liebe zu Einsamkeit und stillen Freuden. Das Gefühl für die Gerechtigkeit und das Interesse für Grenzwissenschaften und Künste ist ausgeprägt. Starke Einfühlungskraft und Phantasie, mediale Veranlagung. In vielen Fällen taucht bei dieser Konstellation die Tendenz zu sozialen Berufen und zur Medizin (Arzt, Tierarzt), aber auch Positionen in der kirchlichen Hierarchie auf. Beeinflußbarkeit, zuweilen Hang zu Genußgiften.

Krankheiten

Geschwollene Füße, Darmerkrankungen, Leberleiden, Gelbsucht.

3.12.9. Saturn in Fische

Charakter

Starke Intuition, Mitgefühl für Andere. Im psychischen Bereich wirken diese Menschen oft depressiv, zurückhaltend, bescheiden und in den engsten Verbindungen schwierig, so daß manchmal eine Vereinsamung eintritt. Das Selbstvertrauen und die Selbstbehauptung sind schwach ausgebildet, so daß die Ziele nicht immer erreicht werden oder nur durch mühevolles Wirken in der Abgeschlossenheit (oft ohne Anerkennung). Häufig entsteht eine schnelle Niedergeschlagenheit bei auftretenden Widerständen.

Krankheiten

Kalte Füße, Frostbeulen, Erkältungen, Rheuma.

3.12.10. Uranus in Fische

Charakter

Die idealistischen Auffassungen oder Ziele sind manchmal kaum oder schwer durchführbar, was zu einem Gefühl des Unverstandenseins führen kann. Die starke Phantasie führt zuweilen zu Wahrträumen und Vorahnungen, im negativen Fall zu erfolgloser Schwärmerei. Soziale Bestrebungen und Interesse an philosophischen Fragen und Mystik. Die Ideen sind mitunter weltverbessernd. Das Unterbewußtsein ist stark entwickelt.

Krankheiten

Fußkrämpfe, Fußverletzungen.

3.12.11. Neptun in Fische

Charakter

Zurückhaltendes Wesen, Selbstversenkung, Träumerei, Hang zu Mystik und Kunst; Beeinflußbarkeit.

Krankheiten

Geisteskrankheiten, Fußkrankheiten, Darmerkrankungen. Hang zu Genußgiften. Depressionen.

3.12.12. Pluto in Fische

Charakter

Die Arbeit erfolgt unter diesem Zeichen im Verborgenen oder auf Grenzgebieten des Wissens. Neigung zu einem Leben in der Zurückgezogenheit. Beeinflußbarkeit.

3.12.13. Mondknoten in Fische

Charakter

Glaubensgemeinschaften, heimliche Zusammenkünfte, zum Zwecke des Austausches von gemeinsamen philosophischen Interessen.

4. KAPITEL

Literaturhinweise

Ebertin, Reinhold; Kombination der Gestirneinflüsse, Bauer Verlag; 1985

Klöckler, Frhr. v.; Kursus der Astrologie, Bauer Verlag; 1983

Cousto, Hans; Klänge, Bilder, Welten; Verlag Simon und Leutner; 1989

Frazier, Kendrick; Das Sonnensystem; Time Life Verlag; 1990

Magee, Michael; Tantrik Astrology; Mandrake Press; 1989